교실이 지겨운 교사에게

교실이 지겨운 교사에게

발행일	2022년 7월 11일		
지은이	김성한		
펴낸이	손형국		
펴낸곳	(주)북랩		
편집인	선일영	편집	정두철, 배진용, 김현아, 박준, 장하영
디자인	이현수, 김민하, 김영주, 안유경	제작	박기성, 황동현, 구성우, 권태련
마케팅	김회란, 박진관		
출판등록	2004. 12. 1(제2012-000051호)		
주소	서울특별시 금천구 가산디지털 1로 168, 우림라이온스밸리 B동 B113~114호, C동 B101호		
홈페이지	www.book.co.kr		
전화번호	(02)2026-5777	팩스	(02)2026-5747
ISBN	979-11-6836-369-4 03370 (종이책)		979-11-6836-370-0 05370 (전자책)

(주)북랩 성공출판의 파트너
북랩 홈페이지와 패밀리 사이트에서 다양한 출판 솔루션을 만나 보세요!
홈페이지 book.co.kr • **블로그** blog.naver.com/essaybook • **출판문의** book@book.co.kr

작가 연락처 문의 ▶ ask.book.co.kr
작가 연락처는 개인정보이므로 북랩에서 알려드릴 수 없습니다.

교실이 지겨운 교사에게

김성한 지음

다시, 교실로 돌아오는

교사의 책읽기와 여행

북랩

서문

일요일 저녁 어둑어둑해지기 시작하면 알 수 없는 우울감이 나를 덮쳐 옵니다. 사실 알 수 없지는 않아요. 알지만 마주하고 싶지 않은 것이죠. '학교 가기 싫다'는 생각을 외면하려 해 보지만 우울하다고 느끼고 있는 내가 이미 '외면'에 실패하고 있다는 것을 보여 줍니다. 학교 주차장에 차를 세우고, 문을 열고, 한 발 바닥에 딛고, 교실로 향해야 하는 현실 중력의 버거움이 폐부 깊숙이까지 조여드는 듯한 날이 있죠. 교실로 가는 계단을 한 칸 두 칸 올라 복도를 지나고 교실 문을 열기까지의 짧은 거리가 열두 시간의 비행에 갇힌 듯 지겹게 느껴집니다. 에리히 프롬의 우울에 관한 견해처럼 "감각에 대한 무능력이며, 우리의 육체가 살아 있음에도 불구하고 죽어 있는 느낌"과 딱 붙어 있는 날들을 살곤 합니다.

컴퓨터를 켜고 하루를 시작하게 되면 누군가를 이끌고 가든, 어떤 이에게 이끌려 가든 또 성실히 살아 냅니다. 정신없이 하루를 보내는 거죠. 그러고는 하루 내내 쌓아 올린 지겨움과 허무함을 빈 교실에 남겨 두고 옵니다. 내일 아침에는 그것들이 싹 사라져 있길 바라지만 질긴 생명력으로 나를 따라옵니다. 이렇게 너덜너덜해진 마음으로 와야 할 교실이 아닌데 말이죠. 교실이 지겹습니다. 왜 이럴까요. 우리는 어쩌다 삶을 이해하고 살아갈 방향감을 잃어버린 것일까요.

과거의 제가 위와 같았듯, 지금 교사의 삶이 지겹다면 선생님도 이 책을 읽어 보고 떠나 보는 것은 어떨까요? 교실이 지겨우면 그 누구도 행복할 수 없습니다. 아이들도, 나도, 학교도. 그래서 이 글을 쓰기 시작했습니다. 무엇을 찾아 읽고, 어디로 어떻게 떠나야 하는지 어둠과 안개 자욱한 밤길에 등대 빛을 비춰 주어 나아갈 수 있는 방향 하나를 알려 주고 싶었습니다. 나와 같은 길에 서 있다면 조금이라도 빨리 벗어나기를 바라면서요.

목적지를 잃고 쓰적쓰적 쓸려 가는 내 삶의 방향타를 잡으려는 노력, 나를 돌아보는 성찰. 이 두 가지 활동을 우리는 '메타인지'라고 합니다. 메타 인지는 높은 산에 올라 세상을 내려다보듯 나에 대해 조망의 경험을 갖는 것이죠. 프리드리히의 그림 「안개 바다 위의 방랑자」처럼, 높은 곳에 서 있을 때 나의 위치와 모습이 더 뚜렷하게 보이는 것처럼요. 삶의 각성이자 명상을 닮은 이런 성찰이 나를 알아 가게 합니다. 물론 저도 종종 지겨움이 찾아오지만 읽고 여행하는 일을 통해 지겨움보다는 더 큰 뿌듯함을 안고 학교에 가는 발걸음이 이제 예전만큼 두렵지는 않습니다.

저는 메타 인지를 실현할 수 있는 가장 강력한 도구와 수단이 책과 여행이라고 생각합니다. 그래서 언제 벗겨질지 모르는 나의 빈약하고 불안한 가면을 벗고, 가볍고 좋은 기분으로 멀리 나아갈 수 있는 내가 되도록 하고 싶었습니다. 성찰하는 삶이 DNA 텔로미어 길이를 유지해 수명마저 늘려 준다고 하잖아요. 그래서 일상의 삶을 성찰하기 위해 '책읽기'[1]와 '여행'을 합니다.

들이뜨리듯 읽고 경험한 것들을 무람없이 뱉어 낸 토사물과 같은 끄적거림이 아닌지, 초점의 오류에 빠져 나의 좁은 시각을 드러내는 글이 아닌지, 여행과 책읽기라는 행위를 지나치게 도구주의적 관점에서 보고 있는 건 아닌지, 이게 과연 내 바람과 같이 누군가에게 도움이 될 수 있는 글인지. 한 문장 한 문장 적어 나가면서 이야기로 채워져 가는 페이지 수만큼 수없이 의심했습니다. 그 토함의 행위가 불결하고 부끄럽지 않도록 질서 있게 토해 내고 싶었습니다. 단잠에 빠지지 못한 새벽녘에는 어둑발 같은 의식을 껴안고 하고 싶은 이야기의 바다에 빠져 허우적거렸

---

[1] 본래는 '책 읽기'라고 띄어 쓰는 것이 맞으나, '여행'과 동일시되는 행위를 지칭하는 명사적 의미로 사용하고자 이 책에서는 '책읽기'로 표기했습니다.

습니다. 글자를 뚝뚝 흘리며 그 짭쪼름했던 물을 빠져나온 밤이 열 손가락, 열 발가락보다 많았습니다. 그저 그 이야기의 바다에서 주워 담아 온 것들을 글자로, 문장으로 엮어 책이라는 몸을 입힌 것에 불과합니다.

책은 책의 운명을 살겠지만, 저의 이야기들이 잠시나마 누군가의 마음에 머무르다 우울한 날 꺼내 듣는 김광석『다시 부르기』처럼 무겁지 않게 읽히길 바랍니다. 경험과 사유와 상상이 농밀하지 못하고 재미조차 부족한 글이나, 최대한 가독성 좋고 편하게 다가갈 수 있도록 다듬는 작업에는 해찰하지 않았습니다.

"술이부작述而不作"이라 했습니다. 일천한 경험과 생각과 상상의 열매가 담긴 이 책은 저 혼자 스스로 지은 것이 결코 아닙니다. 저를 키워 낸 수많은 우연과 인연들이 만들어 준 것입니다. 그래서 감사합니다. 지금 이 책을 펼친 교사들에게 물리적 거리의 원근을 뛰어넘어 닿을 수 있는 의식의 오롯한 힘을 담아 감사의 마음을 전합니다. 그럼에도 '가르치는 일'에 삶을 쏟고 진심으로 교사로서의 삶에 최선인 오늘의 교사들에게 내놓기 여북 부끄러운 글이라는 점만은 지금도 지울 수 없습니다. 책에서 발견되는 오류와 독선이 있다면 모두 저의 모자람일 따름입니다.

정말 고맙습니다.

📖 차
례

1장

내 꿈은
교사가 아니었다

먹으면 죽는 아이

일곱 살 혹은 여덟 살. 그때 나는 아팠다.

그냥 시골도 아닌 읍내에서 떨어진 산 아래 동네였다. 내가 살았던 곳은 말이다. 지금은 그 동네 뒷산 허리를 뚫고 고속도로가 나 있지만, 그때는 버스가 지나가면 포연처럼 사위를 덮는 희뿌연 흙먼지를 피해 사과나무 과수원 밭둑 아래로 몸을 엎드려 웅크려야만 했다. 먼지가 잦아들 때까지. 그래서 과수원의 사과나무와 잎은 봄부터도 초록이 아니라 희끄무레한 먼지 색이었다. 포장된 도로라고는 없었으며 강을 건너는 다리가 없어 장마나 태풍으로 강물이 불어나면 학교에 가지 못하거나 새벽 산길을 넘어야 학교에 갈 수 있었다. 그러니 내가 아프다고 해서 농사를 그만두고서 도시 병원으로 갈 형편이 되지 못했다. 일주일에 한 번 버스를 타고 시내 병원에 가서 병세의 차도를 보고 약을 받고, 다시 얼마쯤을 걸어 할아버지 한의사가 있는 한의원에 들러 약을 지어 오는 게 전부였다.

그때 나는 먹을 수가 없었다. 먹으면 죽는 병이었다. 음식으로 인한 노폐물을 걸러내지 못했고 특히나 염분은 어린 생명에겐 치명적이었다. 아마 내 신장 어디가 고장이 난 게 틀림없을 텐데 의사도 엄마도 내게 그게 무슨 병인지는 말해 주지 못했다. 아이가 하루에 먹을 수 있는 건 흙먼지를 뒤집어쓴 사과나무 잎사귀 색을 닮은 희끄무레한 좁쌀죽 두 공기가 전부였다.

그래서일까. 아이는 늘 힘이 없었다. 축 처져 기운 없는 몸인 나를 두고 깊은 산골 밭으로 엄마가 일을 가면, 어디서 기운이 났는지 아이는 동네를 돌아다녔다. 그러고는 아무 집이나 들어가 먹을 것을 찾았다고 한다. 하루에 허락된 두 공기의 죽은 작은 몸집의 생명을 유지하기에도 한참 모자랐나 보다. 어느 날엔 생감자를 훔쳐 들고서 허겁지겁 먹고 있는 모습을 들켜서 도망을 쳤다. 그 일이 있었던 후 엄마는 아이를 업고 깊은 산골 밭으로 향했다.

엄마가 일하는 밭고랑 수풀 뒤에서 아이는 그 긴 하루를 무엇을 하며 보냈을까. 해가 뉘엿뉘엿 지는 석양의 시간이 되면 엄마는 하루 종일 아무것도 먹지 못하고 혼자 풀숲에서 놀다 자다 지친 아이를 업고 산골 깊은 밭을 내려왔다. 아마 그렇게 오르고 내리기를 몇 계절을 더 했을 것이다. 구멍이 나고 해어진 기억이지만 내가 어쩌다 떠올리는 기억은 토사물 냄새가 밴 버스가 기다리는 정류장으로 가면서 가게 간판마다 쓰여 있던 한글을 엄마가 읽어 주던 순간이다.

집으로 돌아와서는 한약 달이는 오래된 약탕기에서 나는 한약 냄새, 검은 약탕기와 정확히 대비되던 끓는 약탕기를 덮은 흰색 종이. 그리고 매일 마셔야 했던 질경이 달인 싯누렇고 풀 냄새 짙게 우러난, 사전에도 없어 표현할 단어가 없는 물맛은 아직도 잊히지 않는다. 그 시간을 얼마나 더 견뎠는지는 나도 엄마도 이젠 확실하지 않다. 두 사람 모두 아픈 시간을 견뎌 내 어느 날 완치 판정을 받았고 의사로부터 "축하합니다."라는 말을 들은 그날의 엄마 표정이 어렴풋하다.

그 어린 날의 나에게 먹는다는 일은 생존을 위협하는 일임과 동시에 생존을 유지하기 위한 일이었다. 나는 여전히 먹는 일에 조금 더 탐심을 낸다. 어디에 가면 맛있는 것을 먹어야 하고 누구와 만나면 꼭 뭐라도 먹어야만 할 것 같다. 더 솔직히 말하면 먹는 것 이외에 다른 일은 무엇을 해야 하는지 잘 떠오르지 않는다. 엄마를 만나도 내가 늘 하는 말은 "어디 가서 뭐 먹을래?"다.

내 나이 40이 넘은 이후 어느 날 엄마가 말했다. "너는 먹는 거에 참 집착하는 것 같다."라고. 엄마가 그 이유를 몰라서 하는 말은 아닐 것이다. 그 어린 날 이후 나는 무엇이든 맘껏 먹게 될 줄 알았다. 내가 맘껏 먹으며 자랄 시간은 채 1년이 허락되지 않았다.

그날의 기억 조각은 줄무늬가 내린 흰색 환자복을 입고 있는 나를 떠올리는 것으로 시작한다. 왜, 그리고 어떻게 내가 그 병원 침대에 누워 있게 되었는지는 지금도 기억나지 않는다.

내가 판정받은 병명은 간염이었다. 그때는 병명을 알 수 없는 신장염을 몇 년 앓고 완치된 지 1년 만이었다. 의사는 퉁퉁 부은 나를 두고서 두 가지 선택지를 엄마에게 주었다. 대도시의 큰 병원으로 아이를 데리고 가든지 아니면 그냥 집으로 가든지. 그 후에도 한참이나 그 병원에 머물렀었나 보다. 이후 기억하는 또 하나는, 병원 문 앞에서 팔던 하얗고 단내 나는 설탕이 묻은 핫도그 냄새에 이끌려 일어나려 했지만 움직이지 않던 내 허리였다. 얼마나 오래 그 정신병원 같던 하얀 벽 병실에 누워 있었기에 그 여린 생명의 허리가 굳어 버렸을까. 간호사가 붉고 뜨거운 물주머니를 등허리에 대 준 후에야 나는 일어설 수 있었다. 마지막 잎새의 존시가 꼭 나인 듯했다.

아픈 만큼 치료받을 수 없고 돈이 있는 만큼 치료받을 수 있는 시절이었다. 엄마에겐 구급차를 타고 갈 돈이 없었다. 그때 이미 나를 반쯤은 포기했었다. 퉁퉁 부어 이미 병원에서도 버린 자식을 바라보며 '얘가 이제는 죽는구나.'라고 생각했었다 했다. 그때 엄마의 눈빛은 어떤 색깔이었는지 궁금하다. 팔과 등에 링거를 꽂은 채로 멀미약 냄새가 나는 버스 터미널 대합실에 앉아 있던 열 살의 기억이 난다. 대합실 매점엔 항상 검은 화로를 두고 할머니들이 쪼그리고 앉아 구워 팔던 군밤 냄새가 났으며 진한 붉은색 귤 망이 『선데이 서울』과 『리더스 다이제스트』라는 붉고 굵은 제목이 박힌 잡지와 나란히 서 있었다. 대도시의 병원으로 가는 선택을 한 엄마와 버스를 탔다. 엄마는 링거 병을 들고, 나는 바늘을 팔에 꽂고 밤길을 걷고 걸었다. 링거가 꽂힌 채 들어서던 밤, 응급실의 그 싸늘하던 냄새가 이르집어진다. 종종 간호사는 내 팔에 더 이상 바늘 꽂을 혈관 자리가 없어 애를 먹었고. 바늘을 찌른 주사 자국 수가 늘어 간 만큼 병원비도 늘어났기에 엄마는 유일하게 하나 있던 금붙이를 팔아야만 했다.

아무튼, 내가 다시 병원 문을 나선 것은 다시 그 하얀 벽의 정신병원 같던 시골 의료원에서였다. 환자복을 벗고 링거 바늘을 빼고 퇴원하던 날, 병원 앞엔 핫도그 장수 대신 100원을 내면 탈 수 있는 스프링 네 개 달린 말이 열 마리쯤 있는 마차 놀이 기구 아저씨가 무료하게 앉아 졸고 있었다. 엄마는 나를 그 말에 앉혔다. 30년이 흐른 뒤 그날을 돌이키며 들려준 엄마의 기억으로는 내가 그 말 앞에 서서 오래 쳐다봤다고 한다.

그 후 내가 학교에 갔던 기억은 듬성듬성하다. 2학년과 3학년을 학교에서 보냈는지 병원에서 보냈는지는 확실하지 않다. 다만 자주 조퇴하고 엄마 등에 업혀 버스 정류장으로 가던 기억만은 선명하고 6학년 때까지도 뭐든 주어진 대로 먹을 수는 없는 몸이었다. 내가 수학을 못하는 것은 아마 거기에서 연유했지 싶다. 분수라는 것을 처음 본 게 4학년이었는데 선생님은 내가 처음 본 막대기로 갈라져 있는 위아래 숫자의 덧셈과 뺄셈을 수업하며 이걸 왜 모르냐는 표정이었으니 말이다. 이 아이의 이야기는 여기가 끝이다. 그 아이는 책 읽는 것과 걷는 것을 좋아하고.

비행기를 타고 먼 나라 여행을 하는 교사로 자랐다.

어느 날, 그 어른은 먹는 일을 앞에 두고 음식의 맛과 감촉을 그날의 시간과 함께 입에 넣어 곱씹었다. **꼭. 꼭.**

첫 책을 사 준 막내 고모 이야기

　내가 산골에 살 때보다 더 어릴 적 살았던 마을은 바닷가 첫 번째 집이었다. 안방과 건넛방을 이어 주는 가운데 하나뿐인 문을 열면 시작이 어딘지 알 수 없는 푸르디푸른 바다 향이 손 닿을 수 있는 거리에서 밀려왔다. 어제처럼 태풍이 치는 날에는 하얀 파도가 부서져 우리 집 담장을 넘어오기도 했다. 파도가 잔잔한 날에는 바다 모래사장이 놀이터였고 멀리 산에서 비치는 밤의 등대 빛은 큰 별빛 같았다. 꼭 「클레멘타인」 노래 속의 그런 집이었다.

　"넓고 넓은 바닷가에 오막살이 집 한 채 (…) 늙은 아비 혼자 두고 영영 어딜 갔느냐"

　우리 집은 가난이 거머리처럼 찰싹 달라붙은 집이었다. 이 노랫말과 반대로 아비를 두고 가 버린 자식이 아닌, 자식을 두고 간 아비가 있었기 때문이다. 집을 짓는 일을 하지만 정작 자신의 집은 한번 비우면 짧으면 열흘, 길면 두 달씩 돌아오지 않는 아비. 자식이나 가정 따위는 그의 삶의 테두리 안에 포함되지 않는 것인지도 몰랐다. 그 아비 자신의 삶이 그런 보호의 테두리 안에서 자란 경험이 없었다는 이유로 이제는 이해해 보려 한다. 아주 조금만. 내 삶이 더 이상 『힐빌리의 노래』가 되지 않게 하기 위해서.

이 바닷가에서 자란 어미 역시 배운 것 없이 할 수 있는 일이라고는 어선에서 나오는 부산물들을 정리하는 일이 전부였다. 배에서 내린 오징어를 정리하거나 노가리 배를 따서 말리는 따위의, 가진 것 없이 가난에 내몰린 어촌의 아낙이 할 수 있는 전형적인 일들이었다. 땅 한 뙈기 있는 것도 아니고 그물을 싣고 나갈 통통배 한 척조차도 가난한 내 어미의 소유가 될 수 없었으니까.

지금에서 돌아보면 유년 시절의 나에겐 가난도 아비도 기억에 없다. 다만 나는 바닷가를 종종 혼자 거닐었으며 어느 날 아침에 꽃게에 손이 물려 울면서 집으로 왔던 기억이 있다. 태풍이 불면 덮쳐와 쓸어 삼킬 것 같던 파도는 만화 〈이상한 나라의 폴〉에 나왔던 대마왕 같았지만 그런 바닷가 첫 번째 집인 우리 집이 참 좋았다. 그래서 나는 내 아이가 어릴 때 자장가로 「클레멘타인」 노래를 수천 번은 불러 주었다. 어쩌면 집을 떠나지 않는 아비가 되고 싶었던 이유에서일지 모른다.

막내 고모가 어느 날 그 바닷가 집에 왔다. 막내 고모가 살던 곳도 산골 중의 산골이라 바닷가인 우리 집에 오려면 걸어서 산을 넘어야만 겨우 우리 동네로 오는 버스가 닿는 마을에 이르렀을 것이다. 당시에 제법 돈을 쏠쏠히 버는 약재상이었던 고모부는, 고모가 아들을 못 낳는다는 이유로 읍내에서 젊은 새 여자를 집으로 데리고 들어왔다. 그 이후 고모의 삶은 첩으로 들어온 여인의 밥상을 차려 안방으로 들여보내야 하는 눈물겨운 삶이었다고 한다.

그날 고모가 우리 집에 온 이유는 친정 아비의 제사였기 때문이다. 내 아비의 어린 날에 양친이 다 돌아가셨다고 하니 막내 고모는 아비의 얼굴이나 기억을 했을까. 얼굴조차 희미할 당신 아비의 제삿날을 챙기려고 얼마간의 쌀을 지고 친정 나들이를 했건만 아비가 된 오라비가 버린 집에 덩그러니 앉은 불쌍한 어린 조카들을 마주한 심정이 어떠했을지 다 그려보기 어렵다.

친정집에 들어서니 여섯 살 먹은 여자아이가 두 살이 된 막냇동생을 포대기에 업고 있었다. 눈물 콧물 흘리며 땟국물이 얼굴에 주름처럼 자리 잡았을 것이고 두 살짜리 아이를 업느라 허리를 제대로 펴지 못하는 어린 조카를 보며 고모는 함께 챙겨 온 얼마간의 돈을 털어 말을 사 주었다. 아이 업지 말고 말 태우고 놀아 주라고. 큰조카의 손을 잡고 막내 고모는 어판장 한구석에서 오징어 배를 가르고 있던 엄마를 찾아왔다고 한다. 어쩌다 떠오르는 상상으로 그려지는 그 장면을 생각하면 그 장면 속 인물들 모두에게 따뜻한 차 한잔 같은 위안을 전하고 싶어진다.

둘 중에 먼저 누가 알은체를 했을까. 다 해어져 상처로 곪아 썩어 가는 삶의 속살을 동시에 마주한 두 사람은 서로를 모른 척하고 싶었을 것이다. 우리 집에서 나와 바닷가를 등지고 5분여를 걸어가면 동네의 중·고등학교가 있었다. 그 중·고등학교의 운동장에는 큰 버드나무가 있었는데 버드나무 아래서 나와 두 살짜리 막내가 서로 말을 먼저 타겠다고 자주 울었었다. 막내 고모가 돌아간 뒤에 자주 있던 일이었다.

한번은 이런 일이 있었다고 한다. 얼마 전에 들은 이야기다. 공교롭게도 그날 엄마와 나는 어린 날 살던 푸른 바다색이 짙은 동해안 7번 국도를 달리고 있던 날이었다. 남편이 씨받이 첩을 데리고 집으로 왔으니 막내 고모의 삶도 여자로서 얼마나 견디기 어려웠겠는가. 자식이 여섯이나 되던 고모가 사촌 하나를 등에 업고 우리 집을 찾아왔다고 한다. 고모라고 갈 데가 있었겠는가. 그래서 엄마와 고모는 각자 아이 하나씩을 업고 도망을 가기로, 이 삶을 바꾸고 뒤집어엎어 보기로 했단다. 산골과 산골 같은 바닷가에 사는 두 젊은 아낙이 막상 집을 나섰으나 갈 곳이 없었고 어디로 가야 하는지조차 몰랐단다.

근교에서 가장 큰 도시인 포항으로 무작정 버스를 타고 갔단다. 아는 사람 하나 없는 포항에서도 받아 줄 곳은 없었다. 두 아낙은 아이를 업은 채로 거리를 배회하다 포장마차에서 한 그릇씩 우동을 먹고, 고모는 좋아했던 술도 한잔했다고 한다. 그러고 나오니 또 갈 데가 없어 보경사로 향했다. 어린아이를 하나씩 이고 온 젊은 아낙을 절에서야 불공드리러 온 보살로 알았겠지 집을 나와 갈 데가 없어서 왔을 거라곤 생각이나 했을까. 절에서 발을 돌려 나오는 길에 두 사람은 비를 쫄딱 맞았고, 다시 처음 갔던 그 포장마차에서 더욱 거나하게 취했으며 포장마차를 눈물 바다로 만들어 냈다. 이틀 만에 두 사람의 인생은 제자리로 돌아왔고 결국 그들의 삶은 이틀 전과 달라지지 못했다.

운전을 하며 눈에 보이는 푸른 바다에 빠져 있던 마음을 거두어, 그날의 나라면 무엇을 했을까…. 무작정 서울로 서울로 갔으면 되었을걸, 하고 생각해 보았다. 두 아낙이 현실에서 벗어나 갈 수 있는 가장 크고 먼 도시인 서울로 갈 수 없게 했던 것은 아비가 없고, 아비가 버린 집에 살고 있는 남은 자식들이 흘릴 눈물밭에 빠져 허우적거렸기 때문일 것이다.

"엄마랑 고모 중에 누가 나이가 더 많아?"
"느이 고모가 나보다 두 살 더 많지."
"근데 왜 맨날 막내 고모는 엄마한테 언니래? 엄마는 액시('아가씨'의 방언)라고 하고."
이후 우리 집은 아비가 나고 자란 고향 산골 마을 인근으로 이사를 왔다. 고모들의 권유에서였다. 산골 고향에 살면 내 아비가 정착하지 않겠냐는 이유를 댔고 순진한 엄마는 삶이 달라질 거라는 희망에 자신의 삶을 그곳에 걸었다. 그런 희망과는 어긋나기도 한참 어긋난 우리 집 구성원의 삶은 어미 아비 자식 할 것 없이 더 큰 한숨으로 부풀어 있었다. 특히 엄마와, 초등학생이 된 누나가 그랬다.

아비는 이전보다는 자주 집이라는 울타리에 얼굴을 보였으나 우리를 이전과 같이 가난하게 했고 엄마의 삶은 바닷가에서 어물을 만지는 대신 흙을 만지는 것으로 바뀌었을 뿐이었다. 이 지긋지긋하고 보통의 삶조차 연명하지 못할 만큼 불행한 가난을 업보라고 여긴 엄마는 장날이면 술에 취해 돌아온 아비에게 맞았고 얼마 되지도 않는 세간도 함께 삶과 함께 부서져 나갔다. 발 디딜 틈 없이 붐비도록 열리던 장이 5일에 한 번 열렸으니 아침부터 종일 취하도록 마신 아비로부터 어머니는 5일에 한 번씩 맞은 셈이 되나 보다. 엄마는 이 힘든 삶의 짐을 국민학생 누나와 나누어 짊어지길 바랐지만 누나는 그걸 받아 낼 만큼 일찍 철이 들지 못했다. 누나는 엄마에게 5일보다 짧은 사나흘이 멀다 하고 매를 맞았다.

내가 아팠던 것은 그즈음이었을 것이다. 그때부터 몇 년간을 아팠다. 어쩌면 엄마의 매가 무서워 매를 맞지 않기 위해 나 스스로 아픈 몸으로 변신했는지도 모른다. 나의 아픈 몸이 엄마를 더욱 힘들게 했지만 말이다.

그 산골 마을에 우리 집에도 막내 고모는 가끔 들렀다. 친정도 있고, 고모의 바로 윗 언니인 셋째 고모가 살았고, 위로 두 언니도 걸어서 두세 시간쯤 떨어진 산골에 살았다. 첫째, 둘째 고모가 살던 산골은 세상에서 내가 경험해 본 가장 깊은 산골이었다. 그래도 읍내와 비교적 가까워 30분이면 걸어갈 수 있는 시골에 살던 내 어린 눈에도 이런 산골에도 사람이 살까 싶을 만큼 깊은 산골짜기였다.

때로 어미는 자식을 버린 아비를 찾으러 가기 위해 나를 세상에서 가장 깊은 산골에 홀로 두 달이나 맡겼으며, 또 때로 어미는 그 옆의 깊은 산골 절에 이 괴로운 삶이 바뀌기를 희망하는 일말의 심정으로 아픈 나를 데리고 다녔다. 첫째 고모는 내가 늘 말이 없고 조용했으며 착했다고 한다. 저녁이 되면 알아서 씻고 잠옷으로 갈아입고 처마 밑에 앉아 먼 산만 바라보았다고 한다. 말이 없는 아이였단다. 어쩌면 오지 않는 엄마를 기다리느라 말을 잃어버렸는지 모른다.

친정에 온 고모는 늘 엄마 편이었다. 우리 집에 있던 유일한 노란색 양장의 전집 동화책을 사 준 것도 막내 고모였고, 초가집 모양의 마차를 끌고 다니며 한복을 빌려주는 사진사를 통해 어린이였던 나를 사진으로 기억에 남게 해 준 것도 막내 고모였다. 나는 그때 읽었던 『흥부전』, 『엄지공주』, 『백조 왕자』를 기억한다. 양장으로 제본된 노란 동화책의 하얀 격자무늬 제본 실밥이 드러나 갈라지고 너덜너덜해지도록 읽었다. 그 이후에 우리 집에 교과서와 참고서 이외의 책이 있었던 적은 없었다.

간혹 내가 교실에서 가져온 『김유신』 같은 위인전이나 『산 너머 저쪽』, 『비둘기의 고향』 같은 흑백 문고판 소설 등을 제비집이 있던 시골집 처마 아래 문지방 턱에 앉아 읽었던 기억이 있다. 이후 우리 집은 아비를 두고 도시로 나왔다. 당신이 노력해 거두어 돈으로 바꿀 수 있는 곡식을 수확할 논밭도 없고 도회지로 보낼 수밖에 없는 자식 교육까지 해야 하니 농촌에서 할 수 있는 게 없었다. 그때만 해도 내가 살던 도시에는 한 학년이 열 학급이 넘는 중학교가 여섯 개나 있었으니 거기가 엄마의 새로운 삶을 찾을 유일한 곳이었다.

그러나 엄마가 할 수 있는 일이란 공장 일이었다. 그마저도 알음알음 소개로 겨우 얻은 일자리였다. 일은 고되고 수입은 별로 없는데 밤 9시가 되도록 야근해야 먹고는 살 정도가 되니, 엄마는 그나마 벌이가 괜찮다는 과일 행상으로 벌이 수단을 바꾸었다. 정말 과일 행상의 벌이는 공장보다 나았고 엄마는 용케도 돈을 모아 가판촌으로 이루어진 시장에 가게를 두 개나 인수해서 열었다. 그 가게에서는 밥도 팔고 채소도 팔았으나 엄마의 욕심에 차지 않았나 보다. 아이들은 커 가는데 당시의 벌이로는 삶을 감당하지 못할 거라 나름의 계산을 했으리라.

노력이 소득으로 이어지는 시절이었다는 것으로 운이 좋았다고 해야 하나. 그래서 엄마는 실내 포장마차를 열었다. 그것이 꽤나 벌이가 되었는지 엄마는 집에 오지 않는 날이 잦아졌다. 포장마차가 늦게 끝나니 집까지 오가는 택시비가 아까워서였다.

날이 추운 겨울에도 엄마의 일상은 달라지지 않았다. 가끔 집에서 엄마가 우동 국물을 만들어서 가져갔는데 그 우동 국물 맛은 정말 일품이었고, 내가 수학여행을 가는 날이면 엄마는 담임 선생님 갖다드리라며 포장마차에서 담은 동동주를 가방에 넣어 주기도 했다.

엄마의 삶이 불쌍하다 여겨지긴 했지만 집에 엄마가 없었기에 나는 내 나름대로의 자유를 즐겼다. 공부는 뒷전이었고 놀기에 바빴다. 그래서 나는 원했던 곳으로 진학하지 못했다. 내가 원했던 직업인으로서의 삶도 지금 살고 있지 않다.

어쨌거나 그때 벌이가 꽤 괜찮았는지 가게 하나를 더 샀다. 엄마는 100만 원을 더 받으려는 욕심으로 장사가 꽤 잘되던 가게 매도를 거부했고, 이후 그 가판촌 시장은 무허가라는 불법 타이틀에 깔려 한 푼도 받지 못하고 철거되는 철퇴의 운명을 맞아야만 했다. 엄마의 절망과 함께. 그게 아비가 죽으면서 남긴 연금이 생기기 전 엄마가 가진 마지막 직업이었다. 그런 엄마는 늘 욕을 먹어야만 했다. 명절이면 모이는 고모와 작은아버지, 한학을 배워 일가를 이룬 아버지의 여러 사촌과 친척들은 엄마에게 술장사한다느니, 아비를 외롭게 한다느니, 아비 없는 자식으로 키운다느니, 시집도 아닌 시집으로부터 고된 욕을 듣고 살아야만 했었다. 하지만 언제나 막내 고모만은 엄마의 편이었다. 모든 일가친척이 모인 명절 자리에서도 큰소리로 시누 편을 들었다.

"왜! 오빠가 버리고 간 자식들 새언니가 저렇게 힘들게 키우는데. 안 버리고 데리고 사는 거 안 보이나? 버리고 가면 다들 맡아서 키울 거가? 그런 말 하지 마라. 나는 세상에서 새언니가 제일 존경스럽고 대단타."

이후에도 종종 엄마는 막내 고모와 통화를 했고 서로의 안부를 물었다. 스무 살이 된 이후 나는 그 도시 사람이 아니었다. 지금의 나이로 계산을 해 보니 엄마에게는 힘들고 가혹했던 그 도시, 나는 그저 철없이 놀기만 하며 지냈던 그 도시에서 살았던 시간보다 타지에서 자리를 잡고 산 시간이 더 길어졌다. 몇 번 삶의 공간을 바꾸어 가며 나 역시 아비가 되었고, 나의 「클레멘타인」 자장가를 듣고 자란 아이도 이제는 철없이 살던 시절의 나와 비슷한 나이가 되어 가고 있다.

지난여름, 막내 고모를 근 10년이 지나서 다시 만났다.

"막내 고모 보러 한번 가자. 한번 봐야겠다."

동해안을 달리던 그날 엄마가 내게 한 말이었다. 몇 주 뒤, 마실 것과 소고기를 사서 기억의 길을 나섰다. 어린 날에 받았던 동화책을, 이제 중년에 가까워진 조카는 소고기로 갚고 싶었다. 기억을 더듬어 갈림길에서 속도를 늦춰 몇 번이나 이 길인가… 저 길인가… 하며 고모 집으로 찾아갔다. 일부러 내비게이션을 켜지 않았다.

엄마는 엄마의 기억으로 길을 찾고 싶어 했고 나는 내 기억으로 고모네 집을 찾아내고 싶었기 때문이었다. 고모네 집은 국민

학교 교문과 붙은 학교 앞 문방구와 동네 슈퍼를 했다. 산골이었어도 그 시절엔 꽤나 학생이 많았기에 등하교 시간이면 문전성시를 이루는 곳이어서 제법 돈이 모이는 곳이었고, 대도시에 집이 있던 학교 선생들은 시골 학교로 밀려온 서러움을 거기서 매일 술판을 벌이며 달랬다고 한다.

나도 몇 번 어릴 적 막내 고모 집에 갔었다. 멀미를 부르는 갈색 가죽 좌석이 있는 시외버스를 타고 산을 굽이굽이 넘어 고모 집에 가면 먹을 것이 많았다. 학교 앞 가게에서 파는 맛있는 군것질거리를 고모네 집에 가면 맘껏 먹을 수 있었기에 그날의 기억만큼은 선명하다. 그 기억을 따라 차를 몰았다. 그 시절을 살던 이가 모두 떠나고 흉물이 된 폐교만 남은 그 오지 동네에 막내 고모는 그대로 살고 있었다. 우리를 마중 나온 고모를 보는 순간 세월이 무너지고 삶이 무너진다는 게 어떤 것인지 눈으로 보았다.

막내 고모는 항상 밝았고 목소리가 컸다. 덩치도 제법 있었으며 으레 시골 촌부가 그러하듯 진한 검은색 파마머리였다. 손마디가 굵었으며 내가 아는 어떤 친척보다 나에게 살가웠다. 그랬던 고모가 한여름임에도 한 손에는 장갑을 끼고 있었고. 크고 장부 같던 고모의 덩치와 목소리는 온데간데없고 허리는 굽지 않았어도 아흔은 넘어 보이는 늙은이 중에서도 늙은이로 변해 있었다. 온전하던 몸이 그렇게 되어 버린 건 돌팔이 의사의 의료사고에 가까운 무릎 수술 때문이었고 그 이후 정정하던 막내 고모는 몸을 잃고 목소리를 잃어 생애의 의지조차 없는 목소리로 살고 있었다.

폐교의 운명과 같이 막내 고모의 삶도 불에 타 무너진 폐허가 되어 있었다. 나이 일흔이 넘어 일흔다섯이 된 엄마는 막내 고모를 보자마자 눈물부터 쏟아 냈다. 늙은 할머니가 자신보다 더 늙어 삶이 다해 버린 듯한 언니이자 손아래 동생 할머니 앞에서 소리를 내 큰 울음을 내고 있었다. 그리곤 꺼이꺼이 서럽디서러운 울음을 이고서 밥 한 끼 차려 내려 부엌으로 향했다.

나는 눈치를 주며 우는 엄마를 다그쳤지만 나 역시 분개할 억울함을 느꼈다. 허망해진 삶 앞에서 외려 자신의 욕심을 탓하며 막내 고모는 속울음을 삼켜야만 했다. 이 산골 할머니는 자식이 여섯이나 되는 덕에 벽에 걸린 여섯 장의 결혼식 사진 속에서 나의 막내 고모로 남아 있었지만, 눈앞에 보이는 허망해진 고모의 삶이 내뿌리는 충격은 우북한 내 기억들을 모두 잿빛으로 바스러뜨리고 있었다.

밥상에서 눈물과 함께 밥을 말아 먹던 엄마는 몇 번이나 숟가락을 놓아야만 했다. 엄마도 혼자 살지만 이 산골에서 반불구의 몸이 된 시누의 삶이 얼마나 안타까웠을까. 평생 불행했던 자신의 삶에 유일한 편이 되어 주었던 사람이었기에 그 눈물에 밴 서러움과 아픔과 애달픈 마음은 보경사에서 비를 흠씬 맞으며 나오던 그 젊은 날의 서러움보다 더 마디마디 짙은 서러움이지 않겠는가.

그 서러움을 이고 고모를 태우고 산골을 한 바퀴 돌았다. 풍력 발전기가 바람개비를 돌려 산비탈에 그림자를 만들었고, 수확이 끝난 배추밭에 널린 잎사귀들은 갈색 밭의 희푸른 발자국 같았다. 종일 집에서 지낼 고모가 답답할 테니 바람이나 한번 쐬자는 엄마의 제안이었다.

동화책을 사 주고 말을 사 주었던 어리고 아팠던 조카가 운전하는 뒷자리에서 막내 고모는 무슨 생각을 했을까. 집에 돌아가야 할 때, 고모는 몇십 년 만에 만난 조카에게 아무것도 주지 못했다며 가는 길에 시원한 것을 사 먹으라며 만 원짜리 두 장을 내 손에 쥐어 주었다. 폐허로 남은 로마의 어느 광장이어도 로마는 로마이듯 허천난 삶이 되었어도 우리 막내 고모는 막내 고모였다. 어그적 걸어서 나온 고모는 우리가 가는 뒷모습을 한참이나 바라보고 서 있음을 룸 미러로 보았다. 지팡이를 짚고 선 막내 고모는 그 바닷가 첫 번째 집, 우리 마을에 찾아왔던 그때 그 **막내 고모** 그대로였다.

교실이 지겨운 교사에게

양념치킨, 교사를 만들다

    6학년 때 우리 반 담임 선생님은 대도시의 교대를 졸업하고 막 발령받은 젊은 남자 선생님이었다. 어찌나 날렵하고 운동도 잘하는지 선생님은 슈퍼맨 같았다. 학교 구령대에 올라서 600명 전교생 앞에서 국민 체조 시범 보이는 모습도 멋있었고, 휘파람을 불며 몇 계단씩을 한 번에 뛰어 오르내리는 모습도 멋있었다. 아이들의 교우 관계가 파랑 빨강 화살표로 적힌 선생님의 교무 수첩도 기억에 선명하다. 심지어 그때까지 알파벳도 잘 모르던 우리들에게 선생님은 아이들이 입고 있는 옷에 쓰인 영어를 읽어 주며 뜻을 알려 주는 신세계에서 온 사람이었다.

    그러나 그런 모습들이 내가 교사가 되고 싶다는 생각이 들게 하지는 못했다. 내가 선생님이 되어야겠다고 생각하게 한 것은 어이없게도 양념치킨이었다. 믿을 수 없겠지만 정말이다. 돈가스라는 것도 사촌 누나가 데리고 간 경양식 집에서 딱 한 번 먹어 본 경험이 전부였던 시절. 어느 날인가 텔레비전에서 양념치킨이라는 것이 광고에 등장했다. 식어도 맛있다는 그 치킨(그 치킨 브랜드는 이 글을 쓰는 지금 우리 집 앞에도 있으니 놀라운 일이다). 당시 시골 우리 동네에 딱 하나 치킨집이 생겼고 공교롭게도 그 치킨집 주인 아들은 우리 반이었다.

그 친구는 꽤나 까불거리던 친구였는데, 하얀 네모 종이 상자에 노란 고무줄로 가로세로 묶인 상자를 선생님에게 내밀었다. 그랬다. TV에서 보던 그 치킨이었다. TV 속에서 보던 것을 눈앞에서 보다니. 치킨 브랜드가 박힌 상자를 보는 것만으로도 신기했다. 선생님은 자기 책상 위에 양념치킨을 올려 두었다. 치킨의 냄새는 나지 않았다. 아니, 기억하지 못하는 것일 수도 있다. 그러나 그 치킨을 향해 나는 100퍼센트의 표정과 눈빛을 보냈을 것이다. 나만 그랬을 리 없다. 그 치킨 상자는 햇빛의 조각들이 살아서 뛰는 눈부신 붉은 바다 그 자체였다.

분명히 수업 시간이었지만 선생님은 우리에게 자습을 명령하고 그 치킨 상자를 여는 엄청난 일을 단행하셨다. 선생님이 볕이 잘 드는 초봄의 창가에서 그 상자를 여는 순간 찐득거리는 붉은 빛 위에 땅콩 조각이 뿌려진 치킨이 봄 햇빛을 받아 반짝였고, 우리 선생님은 그 치킨을 야무지게도 드셨다. 손가락 쪽쪽. 내 장담컨대 그때 우리 선생님도 그 치킨을 처음 드셔 보는 것이었을 테다. 먹는 태도와 선생님의 어찌할 줄 모르는 손가락을 통해 확신했다. 그리고 우리 반 모든 아이들의 눈은 산수책을 보고 있었

교실이 지겨운 교사에게

겠지만, 코와 귀는 선생님 책상을 향해 조붓하게 앞으로 나란히 였을 것이고.

'그래. 나도 선생님이 되어야지. 나도 선생님이 되면 저 궁금한 양념치킨 맛을 볼 수 있을 거야.'라고 생각했다. 집으로 돌아오는 회백색 먼지 풀풀 날리는 시골길을 걸으면서. 선생님이 되면 치킨을 먹을 수 있다니. 이 얼마나 근거 없는 신박한 논리의 전개인가. 하지만 그때 그게 나의 생각이었다. 내게 먹는다는 문제는 앞 장에서 썼듯이 굉장한 생존의 문제였지만 이건 생존을 넘어서게 만드는 한 차원 높은 존재 욕구를 불렀다. 치킨의 힘은 과거에나 지금에나 굉장한 위력을 가졌다.

먹방이 TV에서 시작해 유튜브로 퍼져 나간 것이 고작해야 6~7년이나 되었을까. 우리 선생님은 치킨 먹방을 라이브로 보여 주시던, 시대를 앞서간 선생님이었다. 그 먹방의 효과는 확실했다. 당시 대부분의 남자 아이들처럼 과학자를 꿈꿨던 나도 선생님이 되어야겠다고 마음을 바꾸게 했으니 말이다. 집으로 돌아와 아무리 상상을 해 봐도 그 맛에 다가서는 것은 불가능했다. 먹어 봐야만 들어갈 수 있는 세계였다. 파리에서 처음 에스카르고를 먹어 본 후 인상을 찌푸리던 때서야 파리에 온 게 실감 났던 그날처럼. 겨울잠으로 바짝 살이 오른 개구리 뒷다리에 밀가루와 고추장 양념을 범벅 해 튀겨서 친구들에게 맛보게 했던 것은 그 맛의 세계로 들어가 보려 했던 내 나름의 시도였는지도 모르겠다.

어쨌든 그 후로도 그 치킨 브랜드의 인기가 대단했지만 가난한 살림 탓에 내가 양념치킨을 실제로 먹어 본 것은 아주 시간이 더 흐른 뒤였다. 여기서 꼭 밝혀 두지만, 우리 선생님은 아주 좋은 분이셨고, 그때의 보통 선생님들처럼 아이들을 때리거나 무식하게 혼내지 않았다. 상당히 자상하셨으며 우사인 볼트의 달리기를 선보여 전교생과 온 시골 읍내 잔치인 학교 운동회 클라이막스를 타이베이 101 빌딩 새해 불꽃놀이 수준의 잔칫날로 만들던 주던 분이셨다. 아마 대학교를 졸업할 무렵엔 선생님을 한 번 찾아뵈었던 것도 같다. 그러나 그때 선생님에게 물어보지는 못했다. "그날 그 치킨 정말 그렇게 맛있으셨어요?"라고.

이후 중·고등학교를 거치면서 그날 그 붉은 양념 치킨색은 머릿속에서 희미해져 갔지만 어쨌든 나는 교사가 되었다. 그래서 지금 치킨 좋아하냐고? 나는 내가 먹기 위해서 내 돈을 내고 치킨을 사 본 적이 결단코 단 한 번도 없는 사람이다.

교실이 지겨운 교사에게

내 꿈은 교사가 아니었다

대학을 가기 위해서는 동기 부여가 필요했다. 독서실을 끊고, 밀렸던 몇 과목, 몇 가지 문제집을 스스로 사서 풀었고, 아마 잠을 줄이기 시작한 것도 그때부터였을 테다. 그러나 그것만으로는 내 의지를 더 강하게 바꾸기엔 부족하다고 여겼나 보다. 대학이라는 곳을 내 눈으로 직접 구경해야 노느라 뒷주머니에 넣어 두었던 입시 공부에 더 강력한 동기가 생길 것 같았다. 그래서 친구와 함께 덜컹거리는 새벽 통일호 기차를 타고 네 시간 남짓 걸려 서울로 올라갔다.

1994년 12월 29일. 그날 새벽 기차에서는 오래되고 녹슨 기차의 쾨쾨한 쇳내와 굴을 지날 때는 먼지 냄새가 엉켜 객차 안으로 쏟아져 들어왔지만, 차가웠던 새벽 공기와 낯선 곳으로 간다는 긴장과 설렘이 버무려진 시간은 그 냄새보다도 강하게 기억에 남아 있다. 시골 촌뜨기 고등학생 둘이서 마주한 서울은 난생

처음 보는 거대한 도시였고 또 신선한 복잡함이 공존했다.

그때는 스마트폰도 없고 지도도 없었는데 어떻게 알아냈는지 우리는 노선도를 보면서 용케도 2호선 성내역에서 신촌이며 안암동이며 혜화동까지 이 대학 저 대학을 다니며 구경했고, 캠퍼스도 걸어 보고 학생 식당에서 밥도 먹어 보았다. 꼬치 어묵 하나가 500원이라는 사실에 두 번 놀라면서 말이다.

가난한 내 가방에서 카메라가 나왔을 리는 없었을 테고 함께 갔던 친구도 카메라를 가지고 왔던 기억은 없는데 그날 친구와 함께 대학 교정에서 찍었던 사진이 남아 있다. 어쨌든 그게 동기가 되었는지는 모르겠으나 날라리와 모범생의 경계를 드나들던 1학년에서 정신을 조금 차린 2학년을 지나 나의 고 3 시절은 온전히 열심히, 열심히 공부했던 기억밖에 없다. 모의고사를 한 번씩 치를 때마다 성적도 쭉쭉 올라갔다. 독서실에서 가장 열심히 하는 학생은 아니었지만 가장 늦게 자는 학생이었다.

그때 내 꿈은 교사가 아니었다. 아니, 희망 직업 목록에 있기는 했다. 3순위였다. 1순위로는 글 쓰는 사람이 되고 싶었다. 다큐멘터리 대본을 쓰는 작가. 곧잘 사람을 감동하게 하는 글이 내레이션으로 흘러나오는 방송을 볼 때면 나도 그런 글을 쓰고 싶었다. 초등학교 때부터 재능도 노력도 없었으면서 글쓰기를 꽤 좋아했다. 내 CR 활동 부서는 언제나 다른 학생들이 가위바위보에서 지고 선착순에서 밀려나서 오는 독서부였다. 시골에서 살던 내게 방송 작가가 되는 길을 알려 줄 어떤 사람도 없었다.

교실이 지겨운 교사에게

그래서 국문과를 가야겠다고 막연히 생각했다. 여행하는 프로그램의 작가면 더 좋겠다고 생각했다. 여행하면서 글쓰기. 그거야말로 내가 꿈꾸는 삶이었다. 그러나 '깡시골'에 살면서 어떤 누구도 내게 그런 길을 가려면 무엇을 해야 하는지 알려 주는 사람이 없었고 나도 일찍 체념하고 답을 요구하는 묻기를 오래 하지 않았다.

두 번째 꿈은, 음식을 만드는 사람이 되고 싶었다. 사람도 각기 타고난 재능이 있지 않은가. 그 당시나 지금도 나는 미각에 꽤 예민한 편이다. 무엇을 맛보면 어떤 재료로 맛을 내었는지 남들보다 쉽게 추측할 수 있는 재능이 있었다. 물론 음식 솜씨가 괜찮은 엄마의 자식으로 살아온 이력도 한몫했을 것이다. 요즘 셰프라고 불리는 요리사의 직업이 이렇게 주목받는 시대가 올 줄 알았던 것일까. 하지만 그 역시 가지 못한 길이 되었다. 각 대학의 주요 학과의 입학 커트라인 성적을 보여 주는 커다란 종이를 아무리 뒤져 봐도 요리학과는 없었다.

아이들에게 넓은 세상을 보여 주고 다양한 경험을 하게 하는 것이 왜 중요한지 절실히 느껴지는 삶이다. 모델이 돼 줄 만한 사람과 삶을 들은 바, 본 바 없는 빈곤한 삶. 그에 더해 꿈이라는 것이 폭풍 파도처럼 강하지도 않았으니 그게 이루어질 턱이 없었다. 결국 친구와 함께 입학을 다짐하며 구경한 서너 군데 대학 중 어느 곳에도 입학하지 않았고, 또 어떤 학교는 입학할 수 없었다.

내가 모르는 사이 어머니는 조용히 학교에 다녀가셨고 내 대학 입학원서는 교대로 낙찰되어 이미 작성된 채로 내밀어졌다. 꿈의 모델은 아니었지만 가장 안정되고 빨리 사회로 나갈 가능성이 큰 현실 모델이었기 때문이었다. 역시 현실은 이상과는 거리가 멀고 외로웠다. 교대에 남자가 없다는 것은 알았지만 입학시험을 치르러 갔을 때는 그래도 남학생 지원자가 제법 많았다. 입학하고 우리 과 명단을 본 나는 내 이름 말고 딱 한 명의 남학생을 발견했다. '전원식'. 그래, 원식이가 어떤 아이인지는 모르지만 얘랑 4년 내내 친하게 지내면 되지, 했다. 첫 개강 날 아무리 찾아도 내가 기다리는 원식이는 없었다. 원식이는 남자가 아니었다.

내 대학 생활에는 낭만이란 건 없었고 외로움만 있었다. 어딜 가도 남자 나 한 명. 항상 눈에 띌 수밖에 없고 무얼 해도 도드라지는 존재. 남자 화장실 개수보다 남자가 적은 그 대학에서 멀리 떨어진 다른 학교 앞에서 살았다. 하숙집은 그나마 형들이 있어서 이야기 나눌 공간이 되었다. 하지만 아무도 함께 밥 먹을 사람이 없는 학생 식당. 어떤 날은 점심시간에 그 사람 많은 학생 식당에 남자가 나 혼자일 때도 있었다. 여학생만 족히 200명은 넘게 앉아 있던 식당이었고, 거기 혼자 앉아서 밥을 먹을 용기가 없었다. 사무치도록 외로웠고, 학교에 가는 게 싫었다. 그래서였을까 어느 날 후배의 집에 걸린 시의 첫 구절을 보고는 그 자리에 얼어 선 채로 펑펑 울었다. "울지 마라, 외로우니까 사람이다."

교실이 지겨운 교사에게

결국 자퇴를 감행했다. 자퇴서를 써서 학교 사무처에 내고 뒤도 돌아보지 않고 나왔다. 그러나 몇 안 되는 남학생 신입생이자 내 사정을 알고 과외까지 주선해 준 학생과의 직원이 자퇴서를 수리하지 않았고, 두 번째 자퇴 시도는 지도 교수에 의해 무산되었다. 자퇴하는 일마저도 내 맘대로 되지 않다니. 그 학교에 더는 다닐 수가 없어서 군대로 도피하는 것으로 자퇴 실패를 극복했고, 복학 이후는 할 게 없었다. 그래서 시험 때마다 '노트 잘 빌려주는 선배', '4학년인데도 동아리 활동하는 선배'로 그 학교를 졸업했다.

2002년 월드컵이 온 나라를 뒤집어 놓던 그해 3월 나는 내 첫 학교를 찾아갔다. 오래된 옛날 스타일의 양복 차림새를 하고 교무실 문을 열고 들어서는 나를 보자마자 단호하고 엄한 목소리로 "잠상인은 출입 금지입니다. 나가세요." 하는 교감 선생님의 말씀에 학교에서 쫓겨날 뻔했지만 말이다.

2장

좋은 교사란

교사나 교실에 대한
보편적 오해 속에 살아가기

　어떤 직업이든 우리가 갖는 편견들이 있다. 요리사는 어떤 재료로든 요리를 뚝딱 만들어 낼 것이라는 오해, 소방관이나 경찰은 위험 상황을 보면 물불 안 가리고 뛰어들 거라는 오해, 검사의 기소와 판사의 판결은 항상 법에 따라 정의로 향할 것이라는 오해 따위의 것들이다. 그러나 요리사도 어떤 재료 앞에서는 음식 만들기를 주저할 것이고, 소방관과 경찰도 위험 앞에서는 나서기가 두렵다. 검사와 판사의 기소와 판결은, 우리가 잘 알듯, 정의의 저울 균형에서 치명적으로 기울어져 온 역사의 시간을 만들었다.

　교사에 대한 첫 번째 오해는, 대개 그 오해의 범주는 '수도 성자'와 '수행력 높은 스님' 사이에 있다. 어떤 아이든지 다 이해할 거라는 오해, 어떤 아이의 말과 행동이든 너그럽고 친절하게 받아 주고 이해해 줄 거라 생각하는 것이다. 아니, 그래야 한다는 당위에서 오는 오해다. 물론 그 어떤 아이는 '내 아이'여야 하며 남의 아이일 때는 적용되지 않는다는 선택적 예외 규칙이 주로 적용된다.

교사도 사람이다. 아이들과의 기 싸움에서 니체가 말한 '권력에의 의지'를 통한 규칙 확립을 위해 온갖 인간 군상이 한바탕 펼쳐내는 희로애락애오욕을 매일 견뎌야 한다. 라파엘로의 「아테네 학당」과 같은 지혜의 전당을 그린 그림 안에도 고집과 대립이 발생하는 모습이 있는데 우리 보통의 교실에는 여북하겠는가. 내 수업 스타일과 잘 맞는 학생도 있고 그렇지 않은 학생들이 있다. 교사가 내미는 패에 적힌 행동의 규칙과 학습 질서보다 자신이 가진 패가 더 높다며 교실 구성원 모두가 지켜 만들어 놓은 칩을 올인으로 쓸어 가는 과감한 승부사들도 만난다. 이해하기가 참 어렵고, 받아들이기 어려운 승부사들과 만날 때는 나도 우리 엄마를 불러오고 싶다. 우리 엄마가 나이로는 누구든 충분히 이길 수 있다. 그러나 등 뒤에는 칠판을, 앞으로는 예순 개에 달하는 아이들의 눈빛을 마주 보고 선 1미터 남짓 폭의 거리에서 외로이 견딘다. 힘들더라도 아이들이 집에 갈 때까지는 견뎌야 한다.

나무 가장귀에서 자라난 이 오해는 우듬지에서 '선생님이 말하면 아이들이 다 들을 것'이라는 확장된 오해의 꽃으로 피어난다. 선생님이 우리 아이의 문제점을 좀 정확히 알고, 아이의 문제점에 대해 살펴 주면 아이의 행동 교정이 될 텐데 담임이 너무 우리 아이한테 관심이 없다고들 생각한다. 맞다. 틀린 말이 아니다. 학부모가 되어 보니 알겠다. 학부모들이 왜 그런 말을 간혹 부탁하는지. "선생님이 한마디 해 주시면⋯.", "선생님이 좀 잡아 주셨으면⋯.", "우리 애가 제 말은 안 들어도 선생님 말은 들어요." 나도 학부모 상담하러 가면 선생님에게 이런 말을 하게 된다. 교실을 돌아서 나오면서 '나도 별수 없구나.' 하는 생각이 저절로 발뒤축을 무람없이 따라온다.

변화가 단시간에 오는 아이도 있다. 학년에 관계없이 몇 번의 행동 칭찬으로 달라지며 '행동주의 심리학 이론'이 틀린 것이 아님을 증명해 주는 아이도 있다. 한 학기, 1년이 지나 학년이 끝날 즈음에 "선생님 덕분에 아이가 변했어요."라고 하는 학부모 혹은 아이들이 해 주는 말을 듣는 날은 내 생의 보람을 눈과 귀로 만나는 날이다. 그러나 모든 아이들이 그렇게 될 수 없다는 것을 솔직하게 말해야 한다. 의사가 임상 경험과 수련의 시절 배운 여러 치료법을 조합해 치료했지만, 환자의 병세에 변화가 없을 때 절망한다. 교사도 그러하다. 여러 교육심리학 이론서가 제공하는 방법, 긍정 훈육법, 회복적 생활교육 등등 교과와 창체 시간에 '열정 뿜뿜' 교사가 되어 실행한다. 최후의 수단으로 방과 후에 남아 일대일 '교육 + 면담 + 토론 + 설득 + 고백 + 회개'의 시간을 연다. 그럼에도 교실이 달라지지 않고 아이들이 달라지지 않을 때 무너진다. 의사는 어느 정도 표준화된 치료법과 약이 있지만 사람의 마음과 행동 양상은 각개전투 아닌가. 이러매 어느 직업에 비해서도 교사의 절망이 만만치 않다는 것을 우리는 다 안다. 우리 아닌 사람들은 모른다. 그래서 오해를 받는다.

세상에 공기처럼 돌아다니는 이 수준 농도의 오해까지는 그나마 숨 쉴 만하다. 괜찮다. 그럴 수 있다. 그러나 세 번째 오해에는 조금 더할 말이 생긴다. 바로 순수한 아이들이 있는 교실은 모두 평화롭고 평등할 거라는 오해다. 아이들 모두 서로 협력하고 잘 어울려서 놀고 공부할 거라는 관념이다. 아이들도 자기네만의 세계가 분명히 있다. 너무 앙증맞도록 귀여운 '쪼꼬미' 1학년들의 세상에도 그들의 경계가 있고, 하나하나 놓고 보면 너무나도 이쁜 '귀요미'들이 교실 안의 사회적 존재로서 벌이는 타인과의 '구별과 차별' 행동이 존재한다. 아이들도 양육 과정을 거치며 생긴 심리 패턴을 가진 감정의 갈등체이며 내면에 상처를 가진 존재들이다. 심리적 상처로부터 비롯되는 행동들은 필연적으로 다른 상처와 만나 충돌을 불러온다. 유치원 아이들이 노는 아파트 놀이터에만 가도 볼 수 있고, 알 수 있는 사실인데 더 많은 아이들이 더 오래 생활하는 교실은 왜 순수의 천국일 것이라고 여기는지 이해하기 어렵다.

타인에 대한 예민 감수성 안테나의 민감도 수준이 다른 것은 어른들만이 아니다. 서른 명이나 되는 교실에 모여 앉은 교실에는 물리적 혹은 정서적 가해자와 피해자 혹은 이 둘의 복합체가 없을 수 없다. 인간이란 존재가 본래 그러하기에 교실 안에서 갈등과 싸움은 필연적이다. 이럴 때 교사가 가장 먼저 하는 응급

처치는 표준화된 민주시민적 가치와 도덕률로의 설득이다. 이후의 단계에서는 책과 연수를 통해 배운 아이들과의 공감과 협력을 코딩한 프로그램을 찾아 마음의 문 열기를 시도해 본다. 생각과 행동을 조정하고 아이들이 교실의 질서 시스템 안에서 움직이도록 노력한다. 그중에서도 최고 곤란도를 요구하는 '아이들 개개인의 특성을 알아차려서 상처의 존재들이 서로 부딪치지 않도록 하는 일' 등등의 노력이 매일 펼쳐지는 곳이 교실이다.

그럼에도 불구하고 '쓸모없는 교사'에 대한 위와 같은 오해가 단지 비판의 수준으로 머물지 않고 내 자존감과 수치심의 마지노 경계선을 넘어온다. 그것이 내 옆구리 밑을 조용하고 예리하게 파고 들어 오는 칼날과 같은 고통으로 느껴진다. 내가 사회적 지탄의 대상이 되기 때문이다. 한겨울에도 푸르름을 유지한다는 해남 배추 같은 싱싱한 교사에서 '나쁜 교사', '노력하지 않는 교사', '능력 없는 교사'라는 나락의 심연으로 추락하고 나면 절망이라는 소금에 절여져 무기력을 담뿍 먹고 너덜더덜해진 교사가 되어 그저 출퇴근을 반복한다. 아이들을 대하는 모습에서 허위와 기만의 악마가 내 속에 숨어 있음을 느껴질 때는 딱 그만두고 싶어진다.

그러나 교실에서의 어떤 기대하지 않은 결과가 '노력 안 함'을 증명하는 근거가 될 수 없다. 사실과 진실 사이에는 어떤 간극이 있다. 간극은 마치 하얗고 높은 다울라기리산에 있는 크레바스처럼 보이지 않는다. 숨마저 얼어붙은 그 차가운 간극 안에 우

교실이 지겨운 교사에게

리가 알지 못하는 무엇이 있을 수 있다. 조심히 다가서야만 찾을 수 있는. 인간에 대한 조심스럽고도 정밀한 관찰이 담긴 글로 유명한 세계적 베스트셀러 작가 말콤 글래드웰의 『타인의 해석』이라는 책의 크레바스에는 세상으로부터 이런 오해를 받고 사는 교사들을 위로해 줄 수 있는 정밀한 그 무엇 몇 줄이 숨어 있다.

우리가 낯선 사람과 조우할 때 저지르는 첫 번째 오류, 즉 진실을 기본값으로 놓는 오류와 투명성의 환상은 낯선 사람을 한 개인으로 파악하지 못하는 우리의 무능력과 관계가 있다. 하지만 우리는 이런 오류들에 또 다른 오류들을 덧붙이는데, 이 때문에 낯선 사람과 겪는 문제가 위기로 확대된다. 우리는 그 낯선 사람이 움직이는 배경이 되는 맥락의 중요성을 이해하지 못한다.[2]

맥락 없는 이런 오해를 옷처럼 입고 사는 직업이 바로 교사이지만, 그럼에도 불구하고 '그럴 수 있어.', '그러라 그래.' 하며 생각을 다잡는다. 오래전 학생으로서만 학교를 경험해 본 그들이 알지 못하는 무능력에서 비롯된 오해이기 때문이다. 그런 오해의 강도와 농도만큼이나 때로 아이들은 교사가 그려 내는 교실에서 영향받는 존재가 틀림없음을 확신한다. 그래서 교사, 교사들은 날마다 달마다 해마다 더 좋은 교사로 철들려고 노력하고

---

[2]   말콤 글래드웰, 『타인의 해석』, 유강은 옮김 (파주: 김영사, 2020)

있다. 누군가에게는 인생의 소설이라고 불리는 가즈오 이시구로의 책 『클라라와 태양』에 적힌 말이 내 교실에 오늘도 오래 머문다.

"애들이 상처를 줄 때가 있어. 애들은 어른한테는 어떻게 해도 된다고, 어른은 상처받지 않는다고 생각하지. 그래도 네가 온 뒤로 철이 많이 들었어. 훨씬 사려 깊어졌어."3)

이제는 좀 괜찮아. 너희들과 만난 후 내가 훨씬 더 사려 깊어지게 되었거든.

---

3)   가즈오 이시구로, 『클라라와 태양』, 홍한별 옮김(서울: 민음사, 2021)

교실이 지겨운 교사에게

나의 학생이었던 아이들에게

늦은 겨울이었다. 아침 7시가 넘어서도 깜깜한 추운 날이었다. 알 수 없는 우울감을 안고 횡단보도를 건너 학교를 바라보고 교실을 향해 터벅터벅 걸었다. 아무도 없을 시각인 학교, 철망 담장이 높이 둘러쳐진 학교 운동장 끝 건물 4층 우리 교실 복도에 불빛이 보였다. '어, 왜 저기 불이 켜져 있지? 저기 우리 교실인데.' 하는 생각이 뇌수를 타고 올라와 머릿속에 흘렀다. 그러면서도 걸음 속도를 높이지는 않았다. 12월 동지 찬 겨울바람으로 밤새 언 현관문 손잡이를 밀어 열고 계단 복도를 꺾어 올라가니 교실 안에서 주황빛의 희미한 불빛이 새어 나왔다. '뭐지?' 그제야 다급한 마음에 겅중 뛰어 교실문을 열었다.

우리 반 아이들 대부분이 교실에 모여 있었다. 40명에 가까운 아이들이었다. 책상이 모두 구석으로 물려져 있고, 교실 가운데에는 아이들 놀이 공간용으로 구해 온 카페트 위에서 케이크의 촛불 빛이 12월의 찬 겨울을 데우고 있었다. 아이들은 아무 말이 없었고 서넛의 아이가 빨리 앉으라며 나를 상 앞에 앉혔다. 상 위에는 뜨거운 밥과 미역국과 김치가 있었다. 내가 기억하지 못했던 내 생일이었다. 아이들의 기대에 찬 눈빛을 보고서야 목이 메어 넘어가지 않는 밥을 꾸역꾸역 다 말아 먹었다. 그날 우리 교실은 아이들이 내 뿌려 놓은 순수한 숨의 온도로 더욱 따뜻했다. 훗날 그 아이들이 다 커서 다시 만났을 때 그날 일을 물어보니 기억나지 않는단다. 어떻게 그게 기억나지 않을 수 있는지 모르겠다. 그럼 뭐가 기억나느냐 물으니 체육 시간에 축구한 일과 선생님한테 엄청 혼난 게 기억난다고 했다.

"애걔… 그게 다니? 잘 생각해 봐. 그거밖에 없을까? 더 있을 거야."

나는 꽤나 열정이 넘치는 교사였다. 아이들과 방과 후면 극장에 같이 가서 영화도 보고, 주말에는 경복궁과 인사동으로 점심 도시락을 싸서 소풍도 나갔다. 방학 때는 버스를 빌려 강원도 평창으로 당일치기 여행을 떠나 전나무 숲길과 계곡에서 놀다 오기도 했다. 쉬는 시간 종이 치면 창밖으로 축구공을 던지고서는 아이들보다 먼저 뛰어나갔다. 학교에서 허락하지 않는 가정방문도 열심히 했고, 엄마와 함께 하는 독서, 아빠가 이끌어 주는 캠프 등등 지금의 혁신 학교에서 하는 일련의 사업들을 15년 전에 아이디어를 냈었다. 어버이날에는 즉석 편지 낭독하기로 학부모들의 눈물을 라이브로 훔쳤다. 선생님 집에 먹고 싶은 라면을 들고 와서 같이 끓여 먹는 일도 다반사였다(설거지는 아이들이 했다). 매일매일 우리 교실이 즐거울 수 있는 아이디어가 반짝반짝 샘솟았다. 학교 오는 게 즐겁다는 아이들의 말이 내 아이디어에 기름칠을 넉넉히 해 주었다.

두 번째 학교에서 나에게 퍽이나 잘해 주던 학부모에게 교실을 청소하며 물었다. 나는 어떤 담임 같냐고. 그 학부모가 대답 대신 "솔직하게 말해도 되나요."라고 했고 그러라 했다. 내심 굉장히 긍정적인 대답을 기대하고 있는 오만함과 더불어 어떤 대답이 나오든 약으로 삼겠다는 마음도 있었다. 엄마들이 모이면 이렇게 나에 대해 이렇게 말한다고 했다.

"한번 찍히면 끝. 좋게든 그 반대든."

그 말을 듣고 나는 "하하, 맞아요. 저는 한번 좋으면 끝까지 좋고, 한번 싫으면 끝까지 싫더라구요."라고 했다. '학부모들이 나를 굉장히 정확히 보고 있구나. 정말 나를 어떻게 저렇게 잘 알지?' 했다. 나는 방향을 잃고 미쳐 날뛰는 야생마였다. 그런 말을 듣고도 나를 깊게 성찰하지 않았다. 내 안에 나만 가득 차 있었지 아이들을 들여놓지 않았다. 아이들을 위한다는 열정으로 만든 이벤트는 말 그대로 나와 코드가 맞는 몇몇의 아이들에게만 좋았을 테고 나는 그 아이들만 바라보았기에 우리 교실은 즐거운 교실이라 착각하며 살았던 것이다.

이후 나의 교실에서 벌어진 일들은 지금에서 보면 물이 아래로 흐르듯 자연의 인과 법칙을 벗어나지 않았다. 내가 싫어하는 행동과 말을 하는 아이들의 질문은 의도를 가지고 묵살되었고, 나의 무람없는 지적질에 질린 아이의 부모와는 교장 선생님까지 나서서 그 언쟁을 막은 일까지 있었다. 어떤 학부모는 도덕 수행 평가 결과를 놓고 나와 한 달간 이메일로 갈등하다 '어차피 유학 준비를 위해 홈 스쿨링 예정이었는데 잘되었다.'라며 결국은 학교를 그만두었다. 또 어떤 학부모는 내가 아이에게 화풀이를 한다며 아이를 2주간 학교에 보내지 않았다. 그 아이는 한때 정말 예뻐서 주머니에 넣고 다니고 싶다고 할 정도로 귀여운 아이였다. 그 아이의 쌍둥이 누나는 전교에서 가장 모범적인 아이들로 모든 선생님들이 다 아는 아이들이었고 그 모범생 아이들은 나와 너무도 잘 맞았기에 어떤 문제도 없었는데 말이다.

이 말을 다르게 하면 나는 수업 시간에 나와 눈을 맞추고, 내 이야기를 잘 들어 주는 아이들만 예뻐하는, 그런 아이들이 좋아할 만한 것만 하는 '한쪽 날개를 잃은 불량 선생'이었다. 한쪽 엔진이 꺼진 비행기가 날아 봐야 얼마나 날 수 있겠는가. 아이들이 가져오는 이야기에 귀를 막았고 마음에 들지 않는 학생은 교실 분위기를 망치고 나를 성가시도록 신경 쓰이게 하는 손거스러미로 여겼다. 교사로 철들지 못한, 공감력이라고는 없는 어른 찡찡이었다.

"교사는 세 번 변한다."라는 말이 있다. 내 아이가 태어나면 한 번, 내 아이가 학교에 가면 한 번 변한다고 한다. 틀린 말이 아니다. 내 아이를 학교에 보내 보면 아이들에게 필요한 것이 무엇인지 더 잘 알게 된다. 그러나 그것보다 나를 변화시킨 것은 '책읽기'였다. 지은이들이 이야기하며 꺼내 놓는 것들에는 나에게 가장 필요한 '공감'과 '연민'이 있었다. 책을 통해 세상의 틀과 사람의 마음을 보았다. 고전이라 불리는 여러 책들은 인간 만상이 담긴 삶을 이야기했고, 어떤 책은 나의 못되고 가벼운 언어를 살펴 주었고, 어떤 책은 내 고정 관념을 부수어 주었다. 나에 갇혀 꾸며 내던 '내 교실'을 '우리 교실'로 조금씩 바꾸어 가게 해 주었다.

마흔 명이 넘는 아이들로 시작한 우리 반이 가장 적을 때는 열두 명, 지금의 서른 명까지. 20년이 지난 이제야 아이들에게 질서가 있는 교실 생활의 틀이라는 형식을 부여하면서도 각자가 가진 고유성이 교실이라는 전체와 어울릴 수 있도록 조금씩 살펴보고 있다고 말할 수 있다.

책으로만 읽으면 추상 같고 동짓날 서릿발 추위 같을 것 같지만 실제 느낌은 참 따뜻했던 신영복 선생님을 생전에 강연에서 딱 한 번 뵌 적이 있다. 같은 이야기를 담은 책이 그 후에 출간되기도 한 그날 강의에서 하신 말씀 중에 '변방'에 관한 내용이 있었다. 알함브라궁전을 예로 들며 중심에서 벗어날 것을 이야기해 주셨다. "문명이 그랬듯 사람도 중심에서 벗어날 수 있어야 변화할 수 있다. 스스로를 조감하고 성찰하는 동안에만, 스스로 새로워지고 있는 동안에만 생명을 잃지 않는다. 변화와 소통이 곧 생명의 모습이다."라고 책에 적으셨다.

나는 이제 서서히 내 중심에서 벗어나, 반쪽짜리 교사의 눈에 들지 않았던 변방의 아이들의 생각과 감정과 질문에도 눈과 귀를 열고 있다. 이전에 근무하던 학교는 경제적으로나 심리적으로 돌봄받지 못한 어려운 학생들이 많은 곳이었다. 1학년 때부터 온 학교를 들었다 났다 하는 말썽쟁이로 소문난 아이들이 한 반에 네댓씩이나 있었다. 혼나는 일에 무감해지고 야단치면 그대로 교실 밖을 뛰쳐나가 버려 수업을 할 수도, 아이를 찾으러 나갈 수도 없게 만드는 상황이 일상이 되어 갔다. 학교 폭력 신고로 경찰이 출동한 일도 한 학기에 두 번이나 있었다. 끝까지 그 아이를 놓지 않았다. 위클래스 선생님과 함께 번갈아 가며 아이들을 맡아 이야기하고 그 아이들의 이야기를 듣고자 했다. 아이들이 교실의 질서에 자신을 맡겨 두지 못한 이유 그 뒤에는 꼭 숨은 조력자(?) 힐빌리 같은 어른들이 발견되었다.

그래서 더 열심히 살피고 들었다. 아이의 감정에 같이 분노해 주었고, 나도 따라 억울해했다. '동정곡'이라는 말이 있다. 단종이 영월 청령포에 유배된 후 정순왕후는 관노가 되어 동대문 바깥 창신동에서 염색과 동냥으로 살았는데, 단종이 교살당했다는 소식을 듣고는 아침저녁으로 청령포를 향해 곡을 했다고 한다. 그때 몇몇 이웃 아낙들이 함께 곡을 한 데서 비롯한 말이다. 나

교실이 지겨운 교사에게

도 그 아이와 같이 울었다. 물론 그 과정이 지난했음은 고백하지 않을 수 없다. 뒤편에 이야기하겠지만 교사는 감정 노동자여야만 한다. 그 노동의 결과물로 어느 봄날 내가 떠난 자리를 찾으러 온 그 아이에게 전화가 왔다. 선생님 잘 지내냐고. 보고 싶어서 왔다고.

이제야 미열같이 손에 느껴질 듯 말 듯 한 온기로 동정할 수 있게 된 내가 부끄럽다. 이런 나를 마주하며 글로 고백하는 일이 여간 까끄름하지 않다. 옳고 그름의 자를 들어 아이들을 달구치며 보낸 지난 나의 교실에서 하나하나 잘 살폈으면 참나무로 자랄 수 있는 아이들을 잡나무로 취급했다. 관심 밖에 있던 아이들이 영글어 내는 도토리를 도사리로 여겨 그대로 썩어 버리길 바라 버려두지 않았나 하는 생각이 자주 죄책감으로 나를 빠뜨린다. 『논어』 안연 편에는 "애지욕기생愛之欲基生"이라는 말이 나온다. 사랑이란 그 사람이 살게끔 하는 것이다. 즉 사랑하는 사람이 제 삶을 온전히 다 살도록 돕는 것이다. 지난 세월, 근 20년 가까이 나는 너희들을 수단으로 내 삶을 살기만 했다. 거기에는 나의 학생들이 없었다. 그러면서도 나는 너희들을 사랑하는 선생님이라고 착각하며 살았다.

미안하다.
너희들이 고생 많았다.

교사는 전문적으로 관찰하는 감정 노동자

권재원이 쓴『직업으로서의 교사』서문에는 이런 글이 나온다.

교사는 성직자일까, 전문직일까, 노동자일까? 어느 것도 정답이 아니다. 셋 모두이기도 하고, 모두 아니기도 하다. 교사에게 아무 대가 없이 무한한 헌신을 요구할 때 교직은 '성스러운 일'이 되고, 어떤 보상을 바라서도 안 되는 일이 된다. 교사를 자기 계발을 소홀히 하는 무능하고 나태한 집단으로 몰아세워 비난할 때는 '전문직' 관점이 나선다. 그러나 막상 정부가 교사를 채용하고 관리하는 방식을 보면 교사는 다만 '노동자'일 뿐이다. 그러기에 우리나라에서 교사란, 성직자 같은 헌신과 전문직 같은 자기 계발을 요구받으면서 일반 노동자의 보상을 받는 존재라 할 수 있다.[4]

---

[4] 권재원,『직업으로서의 교사』(서울: 우리학교, 2021)

이 부분을 읽고 박수를 쳤다. 우리가 처해 있는 위치를 명쾌하게 3D로 보여 주어서 말이다. 이렇게 다중적이고 모순되는 스탠스 안에서 살아가면서도 세 가지 역할 모두 최선을 다하는 우리 교사들을 볼 때면 욕받이가 되는 공교육의 일원이지만 모두 다 그런 것은 아니라는, 지속 시간은 짧지만 효과 빠른 약과 같은 위안을 삼킨다(물론 그 반대에 있는 삶을 사는 불량 교사도 심심하면 한 번씩 튀어나온다고 어찌 말하지 않을 수 있겠나).

그런데 이게 다일까? 저 세 가지로 정의되는 교육학 개론에 나오는 교직관 말고 교사를 바라보는 다른 입장은 또 없을까, 라며 생각의 길을 되돌아가 닫았던 문을 열어 본다. 내가 만들어 온 교사의 길 위에서 '나는 무엇이어야 했고, 무엇이 되지 못했는가' 하는 성찰을 통해서 발견하지 못한 것이 무엇인지 알았다. 저 세 가지 모두의 범주에 들어가면서도 그것이 아닌 것. 마치 삼원색 교집합 가운데 형성되는 자연스러운 어떤 모양의 것. 그것은 교사는 학생을 '전문적으로 관찰하는 감정 노동자'여야 한다는 것이다.

앞 장에서 이야기했듯 학교와 교실은 온갖 상처들이 만나는 인간 군상을 이루는 작은 사회다. 그래서 학교를 일터로 삼는 교사와 삶으로 삼는 학생에게 교실은 협력과 공존의 기술을 가르치고 배워야 하는 곳이어야 한다. 하지만 그 안에는 경쟁 요소가 없다고 할 수 없다. 적정한 경쟁심이 있을 때 사람은 더욱 동력을 얻는다는 것을 모르는 사람이 없다. 한 가지에서 자라 나온

나뭇잎들도 서로 더 많은 햇빛을 받기에 유리한 위치를 차지하려 하며 자라난다. 아이들에게 내재된 인간 본성에도 '더 잘하려는', 자연과 같은 목적의식이 있다. 이를 잃어버린 아이들이 변화의 경험을 주기 가장 어려운 '학습된 무기력증'을 가지고 있는 아이들이다.

경쟁은 필히 시기와 질투를 부른다. 순도 100퍼센트의 협력이란 게 있을 수 있을까. 그런 게 아니라면 승패가 반드시 생기기 때문이다. 그 승패는 승패로만 끝나지 않고 자아 내면에 웅크린 촉수를 건드리는 독침이 될 수 있다. 달리기 하나에도 지고 싶지 않아 하는 아이들이 적지 않다. 애면글면한 그 틈바구니로 미움이 생기고, 그 과정에서 아이들은 당황과 슬픔, 억울과 분노와 만난다. 이를 해소하는 과정이 우리가 '생활지도'라고 부르는 것들이다. 반에는 유달리 이 과정을 자주 겪어야 하는 아이들이 있다. 감정 예민 센서가 남다르게 발달된 아이들이다. 우리가 아는 스트레스 호르몬인 코르티솔은 우울증에 대항하려고 할 때 분비된다. 심지어 이 호르몬이 과잉되면 잠자고 있는 질병 유전자의 스위치를 켜기도 한다.

연구에 따르면 경쟁에서 패배한 쥐들은 심리적으로 불안 증세가 심각했고 늘어난 코르티솔 호르몬을 수용하다가 결국은 지속적인 과잉 스트레스를 받게 되면 스트레스 호르몬 분비가 줄어들다가 기억을 담당하는 해마의 신경 생성과 수상돌기의 가지 증가가 둔화되었다. 즉 세포는 망가지고 단기 기억 감퇴가 생긴

교실이 지겨운 교사에게

다. 더 이상 작동하지 못하는 세포들은 시스템에 의해 '세포 자살'이 일어난다. '회복 탄력성'에서 탄성이 더 이상 작동하지 않는 아이들에게 교실은 병을 일으키는 곳임을 몸이라는 시스템이 증명하고 있다. 많은 현자들이 착각이라고 하지만 우리는 몸과 자아가 동일하다고 여긴다.

종종 쉬는 시간에 컴퓨터 모니터를 끈 채로, 아이들이 무엇을 하는지 교실 안을 바라본다. 그저 '바라보기' 행위 그 자체에 몰입하기 위해서다. 평소에 말이 너무 없는 아이, 교우 관계에서 자주 충돌을 보이는 아이, 어떤 이야기든 "알아요."로 반응하며 집중을 바라는 아이 등등. 교실이 삶의 터전인 아이들에게 말로 천냥 빚을 갚는다는 말은 100퍼센트의 수익률을 가져다 주는 고급 주식 정보를 준다거나 결초보은의 은혜를 갚는다는 데 있지 않다. 충실한 교사의 삶으로 아이들 안에 잠든 질병 유전자가 깨어나지 않도록 하는 데 도움을 주고 싶다. 그러기 위해서 우리는 아이들의 하는 말과 행동, 표정, 몸짓이라는 단서를 통해 감정을 읽어 내야 한다. 단서를 읽어 내는 행위의 가장 처음은 '관찰'이다.

잘 보지 못하면 교사는 어떤 아이들의 내면과도 연결될 수 없다. 치유자 레이첼 나오미 레멘은 "바라보는 행위가 보는 이를 변화시키고 평생 보는 방식을 바꿔 놓는다."라고 했다. 시인 릴케는 이를 '경건한 내면 보기'라고 했다. 내면 보기를 하면 바라보는 사물의 겉모습을 뚫고 본질을 파악하게 된다. 교사는 아이들의 내면을 읽어야 한다. 이 과정은 물론 강도 높은 에너지를 소모하는 일이다. 교사는 '바라보는 일'을 전문적으로 훌륭히 잘 해내야 한다.

교사만 아이들의 내면을 읽는 것은 아직 한 가지가 결락된 상태다. 아이들도 함께 해야 한다. 어떤 면에서 오래 바라보고 관찰하는 일은 교사보다는 아이들이 훨씬 더 잘 해내는 일인지도 모른다. 그래서 과학 1단원인 탐구 단원 1차시를 아주 소중히 여긴다. 좀 오래 이 차시에 시간을 들인다. '관찰'이기 때문이다. '사물을 관찰하는 눈'이 '사람의 마음을 관찰할 수 있는 눈'으로 이어지길 바라는 마음에서다. 그림을 자세히 오래 관찰하고, 친구의 눈을 자세히 오래 관찰하고, 학교 운동장에 피고 지는 식물과 꽃잎, 구석과 틈새로 기어다니는 벌레들을 자세히 오래 보고 그려보게 한다. 일차원적인 보기가 '바라보기'라는 더 차원 높은 관찰이 되기 위해, 공책과 연필을 들고 빨리 운동장으로 나가려 엉덩이를 들썩이는 아이들을 애써 진정시키며 너희들이 지금부터 할 행위가 단순하게 놀이나 흥미가 아님을 이야기해 준다. 아이들의 눈빛을 '바라보면서.'

사람의 감정을 읽어 내는 일의 목적은 마음을 알아준다는 데 있다. 사람의 마음을 알아주는 건 진정한 공감과 연민의 언어다. 공감과 연민으로 작동하지 않는 '읽어 냄'은, 활용할 수 없거나 나쁜 목적을 가진 사익 추구를 위한 빅데이터 수집과 같은 저급한 질적 하락을 가져온다. 이 '알아줌'이라는 일은 너무너무 어렵다. 오죽하면 공자의 『논어』세 번째 문장에서 "인부지이불온 불역군자호人不知而不慍 不亦君子乎"라고 했겠는가. 알아주지 않아도 화내지 않으면 그를 '군자'라 할 수 있다. 성인 군자가 아닌 보통의 인간으로 살아가는 우리들에게 '그의 마음을 알아준다는 것'은 그의 몸부터 치유하는 길이다. 의사가 꼭 병원에만 있는 것이 아니다. 교실에서도 만날 수 있다. 교사가 풀어내는 공감과 연민의 언어는 치료의 약이 된다.

마음이 힘들고 일상에 지치면 시야가 좁아진다. 사랑하는 사람이 생기면 시야가 좁아져 그 사람만 보이는 마법의 아웃포커싱이 뇌에서 일어난다지만 일상에 지친 그 마음이 일으키는 아웃포커싱은 '사람'이 아닌 '나'만 보이는 극도로 좁은 화각 안에 머물게 한다. 그럴 땐 나 아닌 그 누구의 어떤 마음도 내 바늘구멍 사진기를 통해 들어오지 못한다. 그렇게 좁다래진 내가 아이들을 향해 쏟아 낸 말이 그들 마음에 오래 남아 여앙으로 돌아올까 두렵다. '일상에 지쳐 힘든 나'라는 방패 삼기에 충분히 합리적인 핑계로 내 안에 나를 가두며 이기적인 사람으로 살 때 교사는 아이들의 감정이 던지는 언어를 읽어 낼 줄 모르는 감바리가 된다.

고상고상한 밤에는 그렇게 살았던 내가 자그렇다. 박준 시인의 말처럼 내 입에서 나온 어떤 말은 죽지 않고 심장에 오래 살아남을 텐데 혹여 거기에 남을 나의 말은 '마음을 알아주는' 말이었으면 한다. 이제 나는 꽤 열심히 일하는 '감정 관찰 노동자'인 교사로 변신했기 때문이다. 아이들을 바라보는 시간이 있는 이 교실이 이젠 지겹지 않다.

좋은 교사란
('교사'와 '선생님')

'교사'와 '선생님'의 차이를 생각해 본 적이 있는가. 그 호칭에서 차이를 찾아보면 우리가 매일 접하는 공문이나 인사 기록 카드 어디에도 '선생님'이라는 직위나 직급명이 나오지 않는다. 즉학교에서 일하는 대가로 봉급을 받고 사는 행정부 소속 직원으로서의 위치에 좀 더 가까운 이름이 '교사'다. 아이들과 학부모들이 우리를 '선생님'이라고 부르는 이유는 그러한 공적인 위치의 표식으로서 부르는 것이 아니라, 먼저 살아 본 사람으로서 가지는 성찰과 통찰의 경험을 알려 주는 사람의 역할을 기대하기 때문이다.

살림터에서 출판한 『교사, 선생이 되다』에는 일곱 선생님의 이야기가 나온다. 이 책에서 바라보는 교사와 선생님의 차이에 대한 시각이 아주 마음에 들었다. 선생은 어디에나 있을 수 있지만, 교사는 학교에 있다는 시각 말이다. 이 책에서는 선생님에 대해서 이야기하지만, 나는 '교사자격증'과 '학교'라는 공간에 한정 지어진 존재로서의 교사에 대해 이야기하고 싶다. 학교에서 일하는 직업인으로서의 '교사' 역할에 더 초점을 맞추어 생각해 본다는 것이다. 왜냐하면 지금 이 책을 읽고 있는 당신은 교실이 너무도 지겨워서 출근하기 싫은 '교사'일 가능성이 더 크기 때문이다. 좋은 교사란 어떤 스탠스를 취해야 하는가.

앞 꼭지의 글에서 이야기한 전문적으로 관찰하는 감정 노동자 역할만으로도 능력 범위의 임계점에 닿을 듯 말 듯 벅차지만, 그에 더해 교사에게는 주어진 다양한 역할이 있다. 상담자, 학급경영, 독서·인권·시민·SW·성·안전 등등의 각종 영역의 교육을 하면서 도덕적 롤모델도 되어야 한다. 이 모든 일을 총괄하는 가장 상위 범주의 포괄적 성격의 일은 '가르치는' 행위다. '교사'의 '교敎'는 회초리를 들고 아이를 가르치는 모습을 형상화한 글자다. 그 일을 잘 해내기 위해서 선생으로서 책을 읽고 여행하고 교실로 돌아와서 내가 배우고 성찰한 것을 잘 가르치는 교사가 되어야 한다. 그래야 지겹지 않게 출근할 수 있지 않겠는가.

나는 스스로를 좋은 교사라고 생각했다. 반에서 자주 싸움과 갈등이 일어나도, 우리 반 시험 결과와 교원 평가의 결과 점수가 옆 반보다 몇 뼘이나 낮아도 내가 교사로서 어떤 노력을 하지 않은 것이라는 근거가 아니라고 생각했다. 그렇게 내가 그다지 좋은 교사가 아니라는 단서는 우리 반 곳곳에서 발견되었으나 나는 그것이 그저 단서일 뿐이라는 이유로 그 총량을 무시하고 애써 외면했다. 교실에서 아이들을 잘 가르치지 못했기 때문이다. 그런 교실에서 교사가 행복할 리 없고, 행복하지 않은 교사가 다시 그 업을 제대로 수행해 내는 것을 기대하는 것은 한여름에 눈을 기대하거나, B형이라고 100번쯤 확인된 내 혈액형이 O형으로 바뀌는 것을 바라는 것과 같다.

지겹지 않게, 오늘은 또 무엇을 가르쳐 줄까 하는 가벼운 마음으로 출근하는 교사가 되기 위해 나는 읽고 여행했다. 참 단순한 그 두 가지를 통해 별것 아닌 덤덤한 결론을 얻기까지는 꽤나 많은 비용과 오랜 시간, 오래 참는 '엉덩이 근육'이 필요했다. 내 삶의 결정권을 되찾아 와야만 이 지겨움과 허무함에서 벗어날 수 있을 것 같았기 때문에 기쁘게 치를 수 있던 대가였다. 사실 누구나 말할 수 있고 알 수 있는 것들이다. 그렇지만 내 살갗으로 뚫고 들어오지 못한 떨림과 경험은 단지 망막을 통해서 보는 아름다움에 지나지 않는 것이다. 사유하지 못한 '듣기와 읽기'는 스쳐 가는 인연만도 못한 것일 뿐이다.

직업인으로서 좋은 교사는 성찰하는 교사, 자신의 사고에 갇히지 않는 유연한 태도를 보이는 교사다. 태도를 보인다는 것은 그의 진솔한 내면이 어떠하든 간에 상당한 자제력을 갖춘 행위다. 학교는 갓 입학한 여덟 살의 학생과 갓 발령받은 신규 교사부터 나이가 가장 많은 62세 교사까지 함께 살아가는 공간이다. 교육 공간은 이렇게 시간상으로 간극이 큰 여러 세대가 함께 살아가야 하고 부딪치고 대화하고 서로 보고 배움을 함께 해야 하

교실이 지겨운 교사에게

는 집단이다. 내 세대의 시각과 생각으로는 그 모두와 융화되기 어렵다. 유연해야 내가 싫다고 생각하는 일에도 협력할 수 있다. 협력하지 않는 집단은 담장이 생기고 서로를 향하는 격을 갖추어 연결되는 대신 벽으로 단절된다. 그런 집단들은 역사에서 가장 일찍 사라지는 최후를 맞았다. 학교가 집단 지성이 작동하는 협력적 공동체로 돋움 하려면 새롭고 유연한 시각적 태도를 가진 교사들로 더 채워져야 하지 않는가.

더불어서 교사는 상상력이 있어야 한다. 상상하는 힘을 가진 교사가 아이들의 질문을 수용할 수 있고 번뜩이는 아이디어를 교실에 쏟아 낼 수 있다. 나의 빈곤한 상상력을 무미건조한 교과서 수업으로 대체하지 않아야 한다. 더 많이 상상하고 공부하지 않으면 '나'를 잃어버리는 객체화된 교사로만 남는다. 상상력이 풍부하면 질문할 수 있다. 질문을 잘 받고, 잘 할 수 있으며 질문을 허용하는 교실의 교사가 좋은 교사라고 할 수 있다. 에리히 프롬은 "인간의 본질은 대답이 아니라 질문"이라고 했다. 질문이 없다면 그 교육에서 이루어진 행위는 흐르지 않는 물과 같다. 어딘가에 고여 썩고 마는 찌꺼기로만 남을 수밖에 없다. 봉급을 받고 가르쳐야 하는 아이들에게 찌꺼기 교육을 해서는 안 되지 않는가. 우리 교육은 여전히 개인의 고유성이 담긴 창조와 상상의 표상인 질문이 아닌 얼마나 정확히, 빨리, 많이 뱉어 내는지를 우수한 학생의 기준으로 삼고 있지 않은가.

학생을 정확하게 보는 교사가 좋은 교사다. 『슬픔을 공부하는 슬픔』에서 작가 신형철은 "폭력이란? 어떤 사람/사건의 진실에 최대한 섬세해지려는 노력을 포기하는 데서 만족을 얻는 모든 태도"라는 표현으로 단편적인 정보로 즉각적인 판단을 내리면서 즐거워하는 이들을 비판했다. 어쩌면 나는 그런 면에서 '폭력 교사'였는지도 모른다. 칭찬도 질문도 훈육과 비판도 정확하게 아이들을 향해 들어가야 가르치고자 하는 타깃에 명중할 수 있다.

개인과 교실 모두를 각각의 역할에 따라 조화롭게 성장할 수 있도록 협력적이고 형식적으로 정확한 질서를 부여하고 만들어 가는 교사가 아이들에의 성정에 맞는 여러 가지 역할을 줄 수 있다. 어느 학예회에서 아이가 자신이 맡은 대사를 잊어 당황하자 선생님이 즉석에서 "당신을 나무로 임명합니다."라고 했고 그 아이는 나무가 되어 무대에서 대사 한마디 없이 존재할 수 있었다고 한다. 이렇게 아이들에게 이름과 역할을 줄 수 있는 교사여야 한다. 존재에 이름을 붙인다는 건 감정적 대상이 된다는 의미기도 하기 때문이다.

좋은 교사는 궁극적으로 교실 구성원이 공동선에 기여하는 행동을 할 수 있게 해야 한다. 발표와 듣기, 경청과 공감 연습, 회복적 생활교육은 교사가 수업하기 편한 교실, 싸움과 갈등이 없는 교실을 넘어 교실 공동체 전체에게 삶에 도움을 주고, 기꺼이 도움을 받을 수 있는 '상호 의존하는 자립'을 이루어 주어야 한다. 나만 잘 사는 게 아닌 우리가 잘 사는 시민으로 키워 내는 목적을 향해서 교사는 다양한 형식의 협력 학습도 하고 '온책읽기'도 하

교실이 지겨운 교사에게

는 것 아닌가.

우리는 모양이 거의 똑같은 공간에서 비슷한 아이들과 비슷한 일들을 하며 오래 살아가는 사람들이다. 그래서 교사는 늘 새로워져야 한다. 자동 항법을 설정해 놓기만 하면 목적지까지 알아서 비행하는 최첨단의 비행기는 그냥 날아가는 것이 아니다. 1초에 약 1,000번의 변화 신호를 꼬리 날개로 보내 흔들리도록 한다. 그래서 날고 있는 항로에서 어긋나지 않고 목적지로 향해 일관되게 날게 하는 것이다.

일관되기 위해 끊임없이 변화하는 교사라야 아이들의 삶에 균열을 낸다. 미세한 파열 선을 내어 삶을 깨뜨리며 나아가야 한다. 냉정한 형 소크라테스의 말처럼 성찰하지 않는 삶은 살 가치가 없다. 승진해서 관리자인 교장이 되고, 장학사, 장학관이 되었다는 것이 '좋은 교사'인지 아닌지 판단하는 잣대가 될 수 없다. 니체의 무거운 낙타에서 벗어나야 한다. 초인이나 어린아이는 아니더라도, 내적 중심이 단단해 그물에 걸리지 않는, 바람같이 행동하고 정신이 자유로운 사자로 변신한 교사가 되길 바란다. 그런 재미난 변신을 하는 교사에게 출근길 '지겨움'이란 어디가당키나 한 감정인가. '그럴 리 없다'에 너무 아끼는 귀한 맥주 아우구스티너 켈러 한 병 걸 수 있다.

3장

교사에게 책읽기와
여행이 주는 의미

책읽기와 여행은
어떻게 좋은 교사를 만드는가

부끄럽게도 나는 앞 장에서 이야기한 '좋은 교사'와 거리가 멀었다. 그럼에도 나는 내가 좋은 교사라고 생각했다. 수업과 아이들에 대한 열정이 있었고 중간 놀이 시간이면 축구 하러 공을 들고 아이들보다 먼저 뛰어나가는 교사였다. 30대 중반까지만 그랬다. 그 시기 이후의 나는 출근과 함께 곧바로 나달나달해지는 몸에 '지겨움과 귀찮음'이라는 감정을 덕지덕지 달고 살았다. 수업도 대충, 과제 검사와 평가도 대충. 그저 아이들이 집으로 돌아간 텅 빈 교실이 빨리 오기만을 바랐다. 아이들이 내게 와서 하는 말은 항상 '고자질' 아니면 '요구'로 들렸다. 지겨운 교실에서 매일 벌어지는 비슷한 상황 안에서 살다 보니 어느새 나는 관성의 익숙함에 푹신하게 젖었고, 아이들의 마음을 읽지 못하는 감정 난독증에 걸린 교사가 되어 있었다.

'왜?', '어째서 이런 일이 일어나는 거지?', '나만 그런가?', '그 많

던 나의 열정은 경력과 반비례하는구나' 하며 스스로를 자괴감의
우물로 던져 넣는 이런 생각이 들 때마다 답답했다. 앞을 알 수
없었고 방향이 어딘지 나아갈 길이 보이지 않았다. 존재가 불안
하니 교실 역시 안정될 수 없었고 그 상태인 교사로서 나는 '무엇
을 어떻게 해야 하는 것일까' 하는 질문의 답을 만나고 싶었다.

내가 원하는 답이란 바로 보편성이었다. 즉 눈에 보이지 않지
만 분명히 존재하고 있는 공기처럼 삶이 숨겨 둔 질서를 찾고 싶
었던 것이다. 희미해 눈에 잘 보이지 않는 거미줄처럼 엔트로피
는 분명히 나를 멈추게 하고 몸에 달라붙어 공포를 주거나 내 신
경을 거슬리게 했다. 서늘해진 공기에 이슬이 달려 줄의 모양이
분명해지면 우리는 아무것도 아닌 듯 그것을 무서워하지 않고
피할 수 있다. 상황을 바꾸어 줄 답이 눈에 명확히 보인다면 삶
의 고민은 아무것도 아닌 일이다. 누군가가 말했듯 "인간이 된다
는 것은 세상을 매사 간단하면서도 이해할 수 있는 이야기로 계
속 단순화한다는 뜻"일지도 모른다.

'왜지…? 무엇 때문이지…?' 하는 물음에 '아, 그건 이러저러해
서 그런 거야'라는 답을 할 수 있도록 명확하고 단순한 보편의 답
을 얻은 교사가 되고 싶었다. '쟤는 수업 시간에 왜 저러지?', '재
미있는 수업은 어떻게 하는 거지?'라는 물음에 교사로서 답을 명
확하게 갖고 있고 싶었던 것이다. 다음 해에도, 또 그다음 해에
도 교실에서 그런 장면을 만났을 때 그 보편성으로 답을 할 수 있
게 된다. 자신 있게 혹은 조금 덜 자신감에 차 있는 대답을 가졌

더라도 불안에서 시작한 이런 질문에 대답할 수 있을 때 우리는 불안하지 않은 교사가 되는 것이다. 답을 가진 삶으로서 내가 하는 일에 애착과 자존감을 느끼며 안정과 위안, 이 두 지점 사이를 왕복 달리기 하는 트랙에 삶을 올려놓고 싶었다.

그러나 그 트랙 위에 살아도 다시 불안해지는 순간은 또 찾아온다. 자신에 대한 긍정적인 평가가 낮아질 때 우리는 더 강력한 불안을 예측한다고 한다. 분명히 이제는 눈에 잘 보인다 생각했던 엔트로피의 거미줄이 해가 타오르면서 다시 사라진 것이다. 보여야 헤치고 나아갈 수 있는데 말이다. 내 안정된 존재의 틈에 균열이 오고 흔들리는 것이다. 이전에 보지 못한 새로운 질문이 삶을 흔들기 시작한다. '우리 교장은 왜 저러니?' 하는 알 수 없는 사람의 마음부터 시작해서 '이거 꼭 해야 하나?' 하는 사소하고 쪼잔하게 만드는 답이 뻔한 일에까지 마음이 널뛰면서 "하기 싫다." 소리를 입에 달고 산다. "일하기 싫다.", "수업하기 싫다.", "출근하기 싫다."

양자 역학. 원자의 상태에 관한 물리학 이론. 원자와 전자 사이의 상태는 두 가지 상태로 나뉘는데 이 둘의 성질은 동시에 측정될 수 없고 어느 하나의 성질일 때만 그 현상을 측정할 수 있다는 이론이다. 즉 우리가 측정할 수 있는 세상 물질의 가장 작지만 또 가장 보편적인 모든 존재 원리가 그렇다. 양면성을 다 가지고 있고 이 둘 사이를 끊임없이 왔다 갔다 한다. 그 폭을 '파동'이라고 하지 않던가. 안정과 불안정이라는 파동에서 균형을 잃

교실이 지겨운 교사에게

고 천당과 지옥 사이에서 미끄럼틀 타는 존재가 사람이다. 사람 역시 가장 작은 물질로 구성되어 있으니 말이다. 그래서 우리는 사랑을 한다. 이 불안함에서 안정으로 향하려는 본능 때문에.

하지만 에리히 프롬은 『사랑의 기술』에서 "사랑에 있어서는 두 존재가 하나로 되면서 동시에 둘로 남아 있어야 하는 역설이 성립한다."라고 했다. 사랑조차도 차이를 인정하는 사랑이 실존적 불안에 대한 성숙한 사랑이 되는 것이다. 해체주의를 이야기한 자크 데리다도 모든 언어와 텍스트는 시공간에서 어느 한쪽으로만 환원되지 않으며, 이 세계가 궁극적으로 결정되어 있지 않고 확정할 수 없다는 불확실성을 설명한다. 요컨대 삶은 불안과 안정을 사이를 오가는 파동으로 이루어져 있다.

머리 감고 난 후의 욕조 바닥을 살펴보면 남은 물방울들이 제각각의 방울로 붙어 있다. 몸집을 작게 하려는 표면장력 때문에 제 모양을 단단히 유지하고 있다가도, 몇 개의 가느다란 물줄기가 방울을 지나가면 어느새 방울은 사라지고 줄기가 되었다가, 줄기가 그 흐름의 힘을 잃으면 다시 물줄기는 하나의 방울 모습으로 되돌아가 자리를 잡는다. 이 장면을 찬찬히 관찰하면서 정말 삶은 물방울의 모습처럼 하나이면서 둘이고, 둘이면서 하나이고 싶어 하는 건 아닐까라는 생각을 출근하기도 바쁜 아침에 머리 감다 말고 했다. 색즉시공, 공즉시색은 이런 걸 두고 하는 말인가 하고. 즉, 자신만의 물방울 감옥에 갇히지 않는 것이다. 내 주장과 생각, 확신이 너무 단단하면 다가오는 물의 흐름을 탈

수도 벗어날 수도 없다.

'나'라는 감옥에서 스스로 탈옥하는 방법은 조금 유연해지는 것이다. 하나이면서 둘이듯, 둘이면서 하나이듯. 노벨 경제학상을 받은 심리학자 대니얼 커너먼은 인간의 생각에 관한 실험을 통해 인간이 얼마나 비합리적인 존재인지를 종종 증명해 왔다.

그중의 하나가 바로 '보이지 않는 고릴라 실험'이다. 실험은 간단하다. 농구 시합 장면을 보여 주고 패스가 몇 번 이루어졌는지 횟수를 세기만 하면 된다. 실험 참가자들에게 흰색 유니폼 팀의 패스 횟수를 세게 하고 경기 중 코트 가운데 검은 고릴라가 지나가도록 한다. 참가자들의 상당수는 고릴라를 발견하지 못했다. 정신적으로 전력을 다할 때는 인지가 제한되는 것이다. 실험 참가들은 고릴라가 지나간 걸 알지 못했을 뿐만 아니라 심지어 실험 자체를 부정하기도 한다. 내가 결코 고릴라를 못 볼 리가 없다고. 온 힘을 다 써 굳어진 내 안에 갇히면 쉽게 보이는 것도 볼 수 없는 감옥에 갇히게 되는 것이다.

좋은 교사란 '나'에게 갇히지 않은 교사여야 한다. 교실에서 일어나는 수업과 아이들의 목소리를 잘 듣고 이해하고 아는 것과 더불어 새롭게 보고 들을 수 있을 때, 그 순간이 좋은 교사다.

어떤 특정되고 고정된 존재를 좋은 교사라고 이를 수 있는 것이 아니다. 즉 내 경험과 사고로 아이들에 대해 잘 알고 안정된 보편의 방향성을 제시해 주는 동시에 또 낮은 불안을 담은 아이들의 새로운 질문에 대한 답을 함께 탐색해 나가는 존재로 유연하게 아이들을 바라보는 그 순간, 좋은 교사로 빛이 나는 것은 아닐까?

빛의 화가 세잔은 "재능이란 일상에서 마주치는 것들에 늘 새로운 감정을 품는 능력이다."라고 했다. 본다는 것은 곧 이해한다는 것이고 관찰을 통해서 정확하게 특징을 찾아내어야 한다고 생각했다. 그래서 빛의 예민한 변화를 포착한 그림을 그렸고 그 시각으로 정물화를 그렸다. 세잔처럼 교사도 일상에서 아이들과 교실을 관찰하고, 일상처럼 보이는 나와 아이들의 삶에 새로운 감정을 품어 낼 수 있어야 한다. 과거의 내가 겪었던 어떤 상실 이전의 삶으로 돌아갈 수 없어야 한다.

그래야 우리는 교실이 지겹지 않을 수 있다. 지겨운 밥벌이의 현장으로서의 교실에서는 아이들의 소음과 고통의 호소는 교사인 나를 불편하게 한다. 아이들의 목소리에 귀 닫고 메마르고 잔인한 교사가 되는 것이다. 나름대로 사명을 갖고 아이들을 사랑하고 애정의 눈으로 바라보고 있다 여기겠지만 사실은 아이들을 지배하거나 존재의 차이를 인정하지 못하는 미성숙한 교사의 '사랑의 교실'이 되는 것이다. 정확히 내가 그랬던 것처럼.

우리는 같은 것과 적당히 오래된 일에 식상해한다. 변화가 필요하다고 스스로 느낀다 하더라도 변화에서 가장 힘든 것은 새로운 것을 생각해 내는 것이 아니라, 이전에 갖고 있던 틀에서 벗어나는 것이다. 효율성으로 똘똘 뭉쳐진 두뇌의 경제적 관점에서도 변화란 효율과 안정을 포기하는 아주 고통이 따르는 행위다. 마치 40년을 생존한 독수리가 바위에 자신의 부리와 발톱을 부딪치고 깨는 엄청난 고통을 감내하듯이. 그런 고통을 굳이 내가 겪을 필요가 없다고 외면하고자 한다면 그냥 지겨운 밥벌이로 살면 된다. 자기의 감옥에 스스로 가두며 사는 것이다. '진심인가?' 묻고 싶다. 그렇다고 대답한다면 이 책을 지금 덮어도 된다. 그러나 그렇게 살고 싶지 않을 것이다. 이 책을 들었다는 것 자체가 변화를 갈망하고 있다는 증거가 아니겠는가. 이제 질문은 무엇을 자신을 깨는 바위로 삼아야 하는 것인가 하는 문제로 향한다. 나에게 삶이 무엇인가 하는 보편성과 함께 나의 세상에 없던 갖가지 답을 보여 주는 것이 바로 '책읽기'와 '여행'이다.

책읽기는 자아의 확장이다. '나'라는 감옥에 갇히지 않게 해 준다. 다양한 경험과 유연한 사고 없이 자기 생각이 분명한 사람은 자기의 감옥에 갇혀서 영영 헤어 나올 길이 없다. 흔히 "무식이 용감"이라고 하지 않는가. 무턱대고 공경을 요구하는 나이 든 노인들을 볼 때면 그렇게 느낀다. 노인들만 그런 게 아니다. 젊은 사람들에게서도 자신만의 올곧은(?) 신념에 갇혀 이야기하는 모습을 볼 때는 적잖이 당황스럽다. 내가 그랬으므로. 이럴 때 정말 나이란 숫자일 뿐인가 싶다.

양희은의 유행어 같은 '그럴 수 있어.'와 '그러라 해.'라는 두 가지의 마음을 입어야 한다. 새 마음을 입으려면 벗어야 한다. 옷은 나무의 나이테처럼 켜켜이 입을 수 있는 것이 아니다. 나를 벗어 내는 가장 빠르고 재밌고 설레고 효과적인 것이 책읽기와 여행이다. 타인의 상처와 고통과 슬픔에 닿아 종국에는 나의 존재를 확장시켜 주는 너무나 흥미로운 수단이자 방법이다.

일본인 의사가 쓴 책 『책을 지키려는 고양이』에서 "책을 읽는다는 것은 지식의 앎을 넘어 사람의 마음을 아는 것"이라고 했다. 우리가 교실에서 몸으로 부딪쳐서 알게 되는 사람의 마음은 교사 역할에 필요한 소중한 경험일 수도 있지만 거기에 갇히면 그게 고정관념이 된다. '사람의 마음'은 없고 '내 마음'만 경험이라는 이름의 관성으로 남는다.

그 관성의 속도는 교직 경력과 비례해 빨라지고 한번 올라타면 쉽게 내릴 수 없다. 한 권의 책을 읽었다고 해서 쉽게 감옥에서 벗어날 수 없다. 이미 속도가 붙은 달리는 기차에서 뛰어내리면 내가 다친다. 정확히, 다양하게, 천천히 책이 필요하다. 수많은 마음을 담은 책 한 권 한 권을 읽어 감으로써 수많은 마음과 나와 세상의 연결을 경험한다. 죽어 버린 사람의 안정과 불안정의 파동 없는 바이털 사인처럼 '삐—' 소리만 나던 내 삶에 '삐, 삐, 삐' 하고 파동음을 내 주는 것이다. 그래서 책읽기는 수많은 아이들의 마음을 만나야 하는 우리들을 좋은 교사로 만들 수 있다.

해가 기울기 시작할 즘 교실의 문을 잠그며 불확실한 설렘을 안고 퇴근하는 날이 있다. 귀찮고 어이없이 들리던 엉뚱한 아이의 질문이 새롭게 보이기도 한다. 또 '우리 반 아이들이 이렇게 각자 자기 역할을 잘해 주다니.' 하며 아이들에게 고마움을 느끼는 날도 있다. 또 나의 기대에 조금 모자라고 부족한 모습을 보여도 이전에는 '애들이 참 어리네.' 하던 생각에서 '그럴 수 있지.' 라고 생각하는 교사가 되었다. 그런 나의 변화는 그간 읽어 낸 '책' 덕분이고 '읽기' 덕분이라고 생각한다. 그런 날은 퇴근길 발이 그렇게 가벼울 수 없다. 지겨움과 편안함의 속성을 둘 다 가지고 있는 반복의 일상에서 교실을 보며 이제 지겨움 쪽보다는 편안함 쪽에 머물게 된 삶에 감사하게 된다.

교사를 자아의 경계에서 벗어나 기울지 않고 균형 있게 날 수 있게 하는 하나의 날개가 '책읽기'라면 반대편 날개가 바로 '여행'이다. 공간이 촉발하는 무한한 감정은 때로 사람의 마음을 와장창 깨트린다. 어떤 프랑스의 소설가는 "삶은 이 공간에서 저 공간으로 옮겨 가는 것이다."라고 했다. 「삶은 여행」이라는 노래처럼 책이라는 공간에서의 배움을 실행학습 격인 여행을 통해 물리적 공간으로 옮겨보는 것이다.

알프스가 공포의 대상으로 혐오되던 시대에도 철학자와 문학가, 화가는 목숨을 걸어 넘어 여행했다. 열하를 다녀온 박지원은 끝이 없이 펼쳐진 난생처음 보는 드넓은 평원의 땅덩어리 앞에서 한바탕 목 놓아 울고 싶다고 했고 붉은 성의 도시 뉘른베르크의 뒤러는 르네상스를 북유럽으로 가져왔으며, 셰익스피어와 고흐는 이탈리아와 남프랑스를 글과 그림으로 꽃피웠다.

일상이라는 하나의 장소에 갇히면 생각도 갇힌다. 장소는 생각의 보고다. 낯선 장소에서 우리는 새로운 감각과 풍경과 접촉하게 되며 그 낯섦의 풍경이 타자가 되어 '나'라는 자아의 껍질을

　　　　　　　　　교실이 지겨운 교사에게

뚫고 모기 바늘처럼 시나브로 들어온다. 여행하며 걷는 동안 내가 나를 열어 받아들인 낯선 세계가 쌓여 갈수록 내 존재의 층위가 깊어지고 'F5 새로 고침' 한 나를 얻고 만날 수 있다. 니체는 아주 빠른 속도로 알프스의 호수를 걸으면서 초인을 만났다. 『걷기의 인문학』을 쓴 리베카 솔닛은 걷는 행위에 대해 "마음속에서 일이 일어나려면 몸의 움직임과 눈의 볼거리가 필요하다. 걷는 일이 모호한 일이면서 동시에 무한히 풍부한 일은 그 때문이다. 보행은 수단인 동시에 목적이며, 여행인 동시에 목적지다."라고 했다. 그리고 다비드 르 브로통은 『걷기 예찬』에서 "사실 가장 중요한 것은 거쳐 간 길인데 길의 끝이야 아무려면 어떤가, 우리가 여행을 하는 것이 아니라 여행이 우리를 만들고 해체한다. 여행이 우리를 창조한다."라고 했다. 일상의 장소를 떠나 새로운 곳을 걸으며 여행하는 일은 일상의 지겨움에 좁다랗게 갇혀 살던 교사인 나를 창조하는 일이다.

여행에는 또한 침묵과 대화가 있다. 여행은 침묵할 수 있고 침묵은 때론 거울 같다. 침묵을 통해 우리의 뇌를 휴식하게 하고 새로운 누군가를 만나 그의 이야기에 귀를 기울여 낯선 언어로 듣는 동안 우리는 깨어난다. 뇌를 '새로 고침' 할 효율적인 수단 세 가지가 동시에 일하는 것이다. 걷고, 보고, 듣고, 이야기하는 동안 우리는 거울처럼 분명한 나를 만나고 어디에 어떤 거미줄이 투명하게 숨어 나를 가로막고 있는지 볼 수 있다. 그래서 헤치고 나아가거나 피할 수 있는 보편성의 답을 결국은 삶에서 다시 발견하게 된다. 여행이 나를 여행하는 것이다.

개인의 여행만 그러한 것이 아니다. 국가나 대륙의 역사에서도 여행은 그러했다. 십자군 원정을 통해 이슬람의 문명을 접한 유럽은 비로소 근대 과학과 철학을 확립했다. 세계 최고의 문명국이었던 중국은 그 지리적 한계에 안주하며 대양 밖으로 나아가지 않았기에 유럽에 뒤처졌다. 명나라 정화의 원정은 콜럼버스보다 훨씬 앞서 신대륙을 탐험한 역사적 일이었지만 그들은 굳이 다른 세상을 여행하고 교류할 필요를 느끼지 않았다. 스스로가 더 나아갈 곳이 없는 세계의 중심이라고 보았기 때문이다. 조선 역시 세계의 중심이라 자처한 중국에 갇혀 살았기에, 대한민국의 영문명을 세계와 무역하던 고려에게 내주게 된 것은 아닐까.

이처럼 책읽기와 여행을 통한 내 개인의 양생은 좋은 교사로서 학교 공동체라는 전체에 선한 영향이 될 수 있다. 내가 교실에서 아이들을 보며 여유롭게 웃을 수 있다면 나만 성장하는 것을 넘어 나도 좋고 너도 좋고 우리도 좋을 수 있는 삶이 되는 것이다. '지구를 청소하는 청소부'처럼 조금 더 큰 전체를 바라보는 세계시민적 교사가 되는 시점으로의 연결에 이르게 한다. 이 두 가지의 경험을 통해 교사는 내 존재의 새로운 차원을 얻을 수 있다. 여틈한 내 삶에 층층이 경험의 나이테가 생겨 부드러우면서도 단단한 존재로 자라는 것이다.

영화 〈러브 어페어〉에서 이미 약혼자가 있는 두 사람은 비행기 고장으로 인해 인연을 맺고 사랑의 감정을 느낀다. 그 두 사람에게 노인은 이렇게 말한다.

"인생은 소유가 전부가 아니야. 중요한 건 계속 그것을 원하느냐 하는 거야."

밥벌이로서의 직업을 넘어 '지겹지 않은 교사의 삶'을 바라는 나에게 해당하는 말로 들렸다. 책읽기와 여행하는 일. 교사는 이 양 날개를 지속해서 원하고 날아야 한다. 민주주의에서는 자유와 평등이 양 날개여야 하고 학교에서는 교사와 학생이 학교의 양 날개여야 하듯 말이다. 육체가 늙으면 뇌도 늙는다. 체력이 부족하면 열정도 늙어 간다. 이 늙음은 막을 수가 없다. 나는 늙은 교사가 되는 것이다. 하지만 책읽기와 여행하는 일을 멈추면 더욱 늙어 간다. 안정된 자리를 찾아 뿌리를 내린 이후에는 스스로 자기 뇌를 먹어 치우는 늙은 멍게가 되어서야 하겠는가. 그러면 당신은 사표나 퇴직연금을 수령하는 그날까지 그 지겨운 공간을 벗어날 방법이 없다.

이건 분명하고 오래된 사실이다.

여행과 일상 그 사이에서 살기

교실은 지루하다. 딱 짜인 네모난 공간. 우리는 언제나 그 공간 안에서 산다. '네모의 꿈'을 꾸는 것도 아닌데 네모난 책상과 네모난 교실과 칠판 앞을 정신없이 서성이다 보면 체력이 소진되고, 퇴근하면 그대로 쓰러져 버리고 싶은 날이 더 많았다. 그 안에서는 몇 명 혹은 몇십 명의 삶이 매일 벌어지고 있고 우리는 그들의 삶에 시시콜콜, 때로는 진심을 다해 개입해야 하기 때문이다.

열정으로 시작한 새 학년, 새 학기는 서서히 체력이 소진되고, 정신이 소진되어 가다가 1학기 말엔 여름 방학을 바라보며 버티고, 무슨 일이 터질지 모르는 2학기 말쯤엔 깡으로 버틴다. 10년쯤 이 생활을 반복하다 보면 서서히 몸이 이 루틴에 적응해서 알아서 움직인다. 매월 넘어가는 달력을 넘길 때 이번 달의 교실 풍경과 나의 마음은 자동화 시스템이 설치된 알고리즘처럼 작동

한다. '해이해지지 말자, 끝까지 우리 반 질서를 유지하도록 하자.' 하면서.

학교를 두세 번 옮기게 되지만 우리의 일상이 달라지는 것은 별로 없다. 지도상에서 일하는 위치만 바뀌었을 뿐 우리가 하는 일은 동일하고 나의 수업도, 교실의 아이들도 크게 달라지지 않는다. 비슷한 학교 건물과 똑같이 생긴 교실에 바뀐 것은 학교의 문화 풍토와 동학년 선생님들, 이름이 다른 아이들뿐이다. 교실 안에서 벌어지는 일도 실상 어느 학교에서나 그 본래 성질은 비슷하다. '희로애락애오욕'에서 비롯되는 인간 본성에서 비롯한 충돌과 갈등을 해결해야 하는 일상은 교실이 달라졌다 해서 교사의 정신을 바꾸지 못한다. 그래서 교실은 지루하다. 우리는 새로운 정신을 필요로 한다.

"여행은 정신을 다시 젊어지게 하는 샘"이라는 안데르센의 말처럼 일상의 공간을 벗어나면 생각과 정신이 달라진다. 이때 장소를 옮기는 일은 다른 것을 보고 듣는 것이라는 말이다. '보는 것'은 '관심'의 기울기 변화다. 장소를 옮김으로써 새롭게 보이는 것들과 마주하고 그것들 중에서 나의 관심을 끄는 것을 만나게 된다. 소호 거리나 어느 성당 벽, 다리 아래 악사의 희한한 악기의 연주를 듣고, 출근 시간에 에스프레소를 마시며 신문을 보고 대화를 나누는 멋쟁이도 만나고, 국수를 말고 닭을 튀기고, 꽃을 파는 거리의 상인도 만난다.

그렇게 내가 뿌리내린 자리를 벗어나 보면 그간의 일상이 달라 보이고 객관화되어 불투명하던 내 삶의 모습이 더 또렷하게 보인다. 일상과 잠시 거리를 두는 것이다. 내 일상과 다른 그들의 삶이 교실을 일상으로 살아가는 나의 삶과 대비되기 때문이다. 색만 대비 효과를 나타내는 것이 아니다. 삶도 그러하다. 내 삶을 분명하고 또렷하게 보기 위해 우리는 떠나야 하는 것이다. 여행에서 돌아오는 비행기 안에서 창밖을 내다본다. 다음 학기를 생각하며 발아래의 구름을 보거나 캄캄한 우주 같은 하늘에 별빛, 달빛을 보고 있노라면 교실에서의 내가 마치 지난 영화처럼 그려진다. 메타 인지의 순간을 만난다. 그때 내가 성장하고 있는 것이다.

"나는 집을 떠나는 게 싫고 불편해.", "바깥에 나가면 뭐가 좋아. 불편하지.", "집이 제일 편해. 집 나가면 고생이야."라고 말하는 이들에게도 여행이 정말 견디기 어려울 정도의 고통이 아니라면 한 번은 떠나 보라고 말하고 싶다. 요즘 흔히 말하는 '여행 부심'에서 하는 말이 아니다. 내 일상을 멀리서 두고 또렷하게 볼 수 있고, 몸으로 바로 실천하는 방법 중에서 여행을 떠나는 것만큼 쉬운 일이 또 어떤 것이 있는지 알지 못하기에 하는 말이다. 사람도 관계도 자신도 너무 가까이 딱 붙어서 보면 잘 보이지 않는다.

여행을 즐기는 데에는 두 가지 방법이 있다. 여행을 가서도 한국 사람들이랑 어울리고, 한국인이 가장 많은 찾는 숙소에서 한국인들과 정보와 소통을 나누는 것이다. 그건 장소만 바뀌었을

교실이 지겨운 교사에게

뿐 나는 안락하고 안전한 길만 가겠다는 것이다. 물론 외국에서 만나는 한국인과의 경험도 상당히 특별하다. 그러나 현지의 삶이 그려 내는 생생함을 더 깊이 들이마시고 돌아올 때라야 우리의 생각과 일상을 받아들이는 나의 태도가 달라질 수 있다.『나니아 연대기』를 쓴 루이스도 "어떤 사람은 다른 나라에 갈 때도 영국을 품고 가서 조금도 달라지지 않은 채 돌아온다. 관광객으로만 보내다 오는 것은 그 여행지를 낭비하는 일이다."라고 했다.

　나아가 조금 안전하지 않은 여행을 해 보는 건 어떨까? 잘 모르는 길을 헤매고, 버스와 기차를 잘못 타기도 하고, 심지어 공항 가는 길에 비행기가 취소되기도 한다. 소매치기를 당하면 그야말로 땅바닥에 딱 주저앉고 싶은 심정이다. 신중하게 골라서 음식을 주문했는데 메뉴판과 다른 음식이 나올 때는 웨이터를 째려보지만, 그도 나도 대책이 없다. 기대를 잔뜩 하고 온 거리나 호수나 도시가 되레 지루하기만 할 때도 있다. 하지만 이와 반대되는 생각지도 못하는 일들이 벌어지는 게 또 여행의 시간이다. 생각지도 못한 도움과 친절을 받기도 하고, 전혀 기대하지 못한 예쁜 물건과 풍경과 인연과의 만남도 우리를 기쁘게 한다. 언덕을 넘었는데 숨이 딱 멈추어질 만큼 아름다운 풍경과 마주했다면 어떤 느낌이겠는가. 바라나시와 부다페스트로 가는 2등칸 기차, 어느 쪽에서 더 멋진 일이 생길지 떠나 보지 않고서 어떻게 알겠는가.

　얼마간의 기간으로 떠났든 여행은 조금 길게 느껴지면 더 좋다. 여행의 막판 며칠은 약간 더 힘들어진다. 체력과 돈이 거의 떨어져 본격적으로 지치면 숙소 방에서 나가기도 싫고, 사고 싶고 먹고 싶은 것도 더 아쉬워진다. 이제 집에 가고 싶다는 생각이 서서히 들기 시작한다. 그제야 나의 일상이 더 또렷하게 그립고 소중해진다. 공항버스를 타고 집에 돌아와 현관문을 들어서면 비로소 여행 기간 내내 긴장감으로 불안했던 내가 안도감에 젖는다. 일상의 편안함이 있는 집이 좋고, 내 학교를 들어서며 저기 보이는 내 교실이 다시 좋아진다. 여행이 만들어 준 '다름'과 '새로운' 경험을 아이들에게 해 줄 이야기로 엮을 수 있다. 더 중요한 것은 '일상을 소중하게 바라볼 수 있고, 다르게 받아들일 수 있는' 변화된 교사인 내가 있는 것이다.

여행은 일상을 떠나는 일이지만 여행을 다녀오면 일상을 여행처럼 대할 수 있다. 삶은 결국 반복의 일상이 아닌가. 반복의 일상에도 여행이라는 변주가 필요하다. 일상이라는 아다지오, 모데라토, 알레그로의 선율에 설렘과 낯섦이 있는 변주를 넣어 가며 리스테소 템포를 유지할 때 지친 몸과 정신을 쉬게 하고 또 새롭게 할 수 있다. 그래서 교사는 여행해야 한다.

어느 길로 가야 할지 더 이상 알 수 없을 때,
그때가 비로소 진정한 여행의 시작이다.

— 나짐 히크메트

교실이 지겨운 교사에게

여행과 수업을
교사의 '이야기'로 '연결'하기

글을 참 맛깔나게 쓰는 김영민 교수의 책 『공부란 무엇인가』라는 책에 나오는 글이다.

"여러 경험과 생각이 쌓여서 하나의 성채를 이루고 나면, 그 성 내에는 일정한 온실 효과가 발생하여, 이런저런 입체적인 잡생각이 추가로 생겨난다. 여기서 한 걸음 더 나아가 일견 별로 관계없어 보이는 생각과 경험들을 연결하기 위해서는 용기라는 덕목이 필요하다."[5]

다양한 경험이 모여 '나'라는 하나의 성을 이루게 된다. 그 성은 더 구조화되어 단단해진다. 그 성에 오래 살다 보면 성이 허

---

[5]   김영민, 『공부란 무엇인가』(서울: 어크로스, 2020)

물어지기도 하고 용기를 내어 구조변경 통한 리모델링도 필요하다. 리모델링에 드는 비용이 바로 여행이다. 비용을 들여 한 여행을 통해 얻은 여러 경험은 내 안에서 충분히 소화되고 나면 발효가 된다. 잘 이루어진 발효는 나만이 가진 고유한 맛을 낸다. 맛은 곧 향기가 되고 그 향기는 고유한 개체인 나를 인지하는 타인에게 내가 '어떤 사람'인가를 알게 하는 가장 강력한 기억 물질이 된다.

화가는 자신의 경험이 녹은 삶을 그림으로, 음악가는 음악으로 만들어 내듯 교사는 수업에서 경험이 나타난다. 경험이 일천한 작가들이 좋은 글을 쓸 수 없듯 경험과 지식이 얕은 교사는 아이들을 수업으로 몰입하도록 하는 재미있는 이야기가 있는 수업을 만들어 내기 어렵다. 그래서 교사에게는 매 순간이 새로운 경험이 되는 여행이 필요하고 교사의 여행은 다시 수업으로 연결되어야 한다. 내가 가진 경험의 향기를 수업으로 이끌어 내려고 보통의 많은 교사가 노력한다. 그 노력의 매개로 '교사의 여행'은 충분히 매력적인 이야기 소재가 되어 줄 수 있다.

왜 '연결'되어야 할까? 연결의 힘은 각자의 사전에서 서로 전혀 다른 의미를 가지는 것을 서름함 없이 이어 주는 것이라고 생각한다. 여행을 하는 일이 내 삶과 나를 연결하고 나를 만나는 일이라는 강한 믿음이 있다. 우리 뇌는 신경세포인 뉴런의 축삭돌기와 수상돌기의 연결 부위인 시냅스를 통해 신경전달물질을 주고받으면서 작동하는데 이 틈 사이에 교류가 원활하지 못한 경우 아이들에게 ADHD가 생긴다고 한다. 뉴런 연결이 활발하게 일어날 때 신경성장인자가 자라나 더욱 단단하고 건강한 뇌를 만들어 준다. 인지에 혼란을 주어 뉴런의 작용이 활발하게 일어나도록 하는 것이 외국어 학습과 운동이라고 한다. 여행은 매일매일 수 킬로미터씩 걸으며 낯선 외국 언어를 마주해야 하니 여행하는 동안의 우리의 뇌는 그야말로 최고조의 '연결 활동'을 하고 있는 것이다. 스티브 잡스도 "창의성은 연결Creativity is just connecting things."이라고 했다. 여행은 나의 교실을 창의적으로 만들어 주는 훌륭한 수단이 될 수 있다.

두뇌만 연결로 작동하는 것이 아니다. 사회적 연결이 우리의 신체적 건강에 미치는 영향에 관한 연구를 보면 사회적 관계망이 적은 사람은 사회적 지지 경험이 없고 면역 능력이 떨어지는 결과를 보였다. 후속 연구에서는 건강한 사람들의 면역 세포와 항체를 측정하고 설문지를 통해서는 성격 검사를 시행했다. 리노바이러스를 코 속에 투여한 결과 다양한 사회적 관계를 더 많이 맺고 있는 사람일수록 바이러스에 노출되었을 때 점액이 덜 만들어지고 코 속 섬모가 더 활발히 활동하며 바이러스를 외부에 덜 유포시키는 것으로 밝혀졌다. 즉 사회적 연결망의 폭이 큰 사람이 자신뿐만 아니라 타인을 감기에 덜 걸리게 하는 것이다. 또한 니콜라스 크리스타키스 제임스 파울러는 1971년부터 2003년까지 1만 2,067명을 추적, 관찰해 3만 8,000개의 사회적 관계망 지도를 그려 낸 연구에서 놀라운 사실을 밝힌다. 이들의 친구가 비만이 되었을 때 연구 참여자가 비만이 될 가능성이 57퍼센트나 증가했으며 형제·자매는 40퍼센트 증가, 서로 절친이라고 느낀 경우 비만도가 무려 150퍼센트가 증가했다.

이 연구들에서 알 수 있듯이 개인은 완전히 독립적인 개체가 아니라 서로 연결되어야 더 정신적으로나 신체적으로 더 건강한 존재가 된다. 즉 연결이 단단한 교각이라야 안심하고 건너설 수 있고, 경험과 배움의 연결이 단단한 할 때 배움이 즐거운 교실이 될 수 있지 않을까? 유발하라리는 『사피엔스』에서 신화가 가지는 인류 공동체 결속의 힘을 이야기했다. 교사의 여행 이야기는 우리 반 아이들만이 아는 경험의 공유다. 신화와 같은 허구적 요소가 없는 완전한 현실판 교사의 이야기는 아이들에게 충분히 교실을 단단하게 연결해 주는 우듬지가 될 수 있다.

우리의 뇌는 수많은 데이터를 컴퓨터처럼 비트 단위로 저장하지 않는다. 경험한 정보를 단순하게 빈틈이 없도록 압축하고, 모순되지 않도록 구성하며, 원인과 결과로 만들어 저장한다. 즉 뇌 스스로 논리적인 '스토리'를 만드는 것이다. 스토리를 만드는 것이 자아를 만들어 가는 것이며 내 여행의 경험은 하나의 '이야기'가 된다. 그래서 교사의 재미난 이야기에 학생의 두뇌에 오래 남도록 하는 기억하는 힘이 있다. 교사의 여행은 '이야기'를 통해서 아이들과 '연결'되어야 한다.

이탈리아로 가는 비행기 안에서 있었던 일이다. 옆자리에는 덩치가 산만한 이탈리아 사람이 앉았다. 어디로 가느냐는 그의 질문에 테르미니역 인근에서 묵을 것이라고 대답하니, 그의 첫 말은 소매치기와 도둑을 조심하라는 조언이었다. 대개 첫 이야기부터 자신의 나라에 대해 부정적 인상을 주려고 하지는 않을 텐데 말이다. 그러면서 그는 남한과 북한의 전쟁 상황에 대해 묻고, 자신이라면 그런 불안한 나라에 살 수 없을 것이라고 했다. 처음에는 그런 인식이 썩 불편했는데 외국에서 우리나라를 볼 때 충분히 그럴 수 있다고 생각했다. 방콕 중심가에서 폭탄 테러가 일어나고 도시 폭동으로 셧다운 된 거리에서 폭탄이 터지는 소리가 한국 뉴스에 중계될 때 그곳에 있던 나는 정작 평온하게 여행했다. 호텔에서 느지막이 일어나 풍성한 조식과 커피로 평온했던 나와 달리 내 전화 알람은 5,000킬로미터나 떨어진 거리를 단숨에 뛰어와 불나게 울렸으니 말이다. 당장 돌아오라고.

도덕 시간에 아이들과 '통일' 단원에서 이 이야기를 꺼냈다. 물론 약간의 극적 재미 요소를 더하기 위해 MSG를 첨가했다. 아이들의 지식과 인식 건강을 해치지 않을 정도로만 뿌렸으니 뻥쟁이는 교사는 아니다. 아이들에게 이 이야기를 해 주고 의견을 물었다. 물론 그 이야기가 펼쳐지는 동안 아이들의 눈빛 집중도도 가장 높은 지점을 향해 내달렸다. 상당히 놀라는 아이들이 있었다. 전쟁의 위협을 모르는 아이들이 우리나라를 보는 외국인들의 인식과 통일의 필요성에 대해서 태도가 더 진지해졌다.

다문화 수업에서는 '우리 집에 온 낯선 손님이 신발을 신고 집에 들어온다면 어떨까?'라는 주제를 내 경험의 이야기로 풀었고,

사회 수업에서는 산지가 많고 평야가 적은 우리나라의 국토와 인도와 유럽 서북부에 펼쳐진 끝도 없는 평원에 사는 사람들을 이야기했다. 에어비앤비에서 만난 사람들의 주거 공유와 식탁에 올라온 음식을 이야기했고, 대개 입구에 꽃이 놓인 시장과 슈퍼마켓에서 볼 수 있는 색다른 물건과 음식을 맛본 경험의 이야기를 우리의 삶과 비교 연결해 보았다. 소시지를 팔던 꼬장꼬장하고 괴까닭스러운 할아버지와 세상 친절한 올라프 씨를 비교하며 여러 인간 군상의 태도에 관해 이야기했다. 마트료시카 인형을 열어 가듯 수업의 목표를 향해 여러 개의 이야기 문을 만들어 두는 것이다. 아이들이 마음의 문을 하나씩 열 때마다 이야기가 남아 있도록.

"수업 시간에 해당 과목과 연관된 재밌는 이야기를 많이 해 주셔서 수업을 더 흥미롭게 듣게 되었다. 선생님께서는 지금까지의 책에 나오지 않았던 어려운 내용들을 우리가 쉽게 이해할 수 있도록 열심히 설명해 주셨다. 정말 대충 들어도 이해할 정도로 설명을 잘해 주신다. 정말 내가 좀 더 발전한 것 같다."

어느 해 교원 평가 설문지에 쓰여 있던 아이의 말이다. 내가 여행과 수업을 연결해서 이야기하는 이유다.

교사에게 도움이 되도록 책 고르기

"선생님, 저도 책 좀 읽어 보고 싶은데 무슨 책을 읽어야 해요?"라고 종종 질문한다. '책읽기'를 하는 나에게, 동학년 선생님들이. 그러면 나는 〈쇼미더머니〉 래퍼가 되어 답한다.

"니가 진짜로 원하는 게 뭐야!"

사실 이런 '독서'에 관한 책은 너무도 많다. 무슨 책을 읽어라, 어떻게 읽어라. 중고 서점에 가 보면 독서라는 타이틀에 '~기적'이라는 단어를 달고 책이 한 서가를 꽉 채우고 있다. 세상에나. 언제부터 서점이 기적을 보여 주는 영험한 곳이 되었는가. 그 책 한 권을 읽는다고 기적이 일어날 확률은 로또 확률보다는 높을지 모르나 매우 낮다고는 말할 수 있다.

책을 읽어서 기적적인 변화를 바라기 전에 무슨 기적을 원하는지부터 생각해 보아야 한다. 예수님의 '나사로의 부활'이나 관세음보살님의 '감로수의 기적' 재현이 아니라면 말이다. 열심히 공부해서 교대에 가서 교사가 되었듯이 '책읽기'도 마찬가지다. 교사로서 성장을 원하는지, 나의 개인적인 관심사가 있는지, 문학과 철학이 주는 삶에 관한 이야기가 필요한지. 책을 읽는다는 것도 결국은 필요에 의한 욕망에서 비롯되는 것이다. 단지 읽고 느끼고 알게 되는, 즉 읽는 행위 그 자체에서 얻는 기쁨에 의한 독서라면 더 말할 것도 없이 좋겠지만 그런 사람이 아직 이 책을 붙잡고 있을 리 없다.

그런 나의 욕망과 필요를 확인했다면 이제 할 일은 하나다. 도서관으로 가면 된다. 서점보다 도서관을 권한다. 서점은 대개 베스트셀러와 신간을 위주로 우리의 눈높이에서 우리의 손이 책을 잡게 한다. 팔아야 하니까. 서점에 누워 있는 책들은 2주 정도 눕혀 두고 반응이 시원찮으면 바로 구석으로 가 세워진다. 그 후 그 책은 시나브로 텔로미어가 잘려 수명을 다한다. 대개의 신간 도서 운명이 그렇다.

반면 도서관에 가면 내가 원하는 분야의 책들이 친절하게 모여 있다. 도서관에 꽂힌 책은 신청 도서와 사서들의 높은 안목으로 채워진다. 상당수는 살아남은 책들이란 이야기다. 그렇게 모아진 책들이 독자를 기다리는 서가를 거닐어 보는 것이다. 서점에서 나는 새 책들의 냄새와 다른 오래된 책들이 어울려 만들어내는 고유의 냄새를 맡으면서. 제목과 목차를 보고 손에 잡은 이 책 저 책을 한 아름 데리고 와 앉아 저자의 머리말과 목차에서 눈에 띄는 부분을 읽은 후 이거다 싶은 책들을 대출하면 절반은 이

교실이 지겨운 교사에게

미 내 것이 될 준비를 마친 셈이다.

고전문학이나 신간 소설, 유명 작가의 책 같은 경우에는 입소문을 적당히 믿으면 크게 손해는 보지 않는다. 서평을 훑어보면 관심이 가는 책을 분명히 만나게 된다. 여기서는 적당히 믿어야 한다는 함정이 있긴 하다. 유명한 작가의 책이라고 다 좋을 리 없고, 이름난 고전이라고 해도 다 내 눈에 들어오지 않는다. 버티면서 읽다가 덮은 책도 부지기수고 끝까지 읽고도 실망한 책들이 적지 않다. 그러나 그것이 어찌 헛된 일이겠나. 결코 시간 낭비가 아니다. 독서력을 올리는 과정이고 경험이 되는 일이다. 그러니 도움이 되는 책을 고르고 싶다면 가장 먼저 도서관으로 가라. 우리 동네 도서관 대출중이 없다면 발걸음 해 보자. 생각보다 동네 도서관은 참 가깝고 괜찮은 곳이다.

이후부터는 엉덩이 싸움이다. 얼마간은 버텨야 한다. 책의 초반부터 확 몰입하게 하는 책이 있는가 하면 지루하게 나를 끌고 가는 책이 있다. 어떤 책들은 100페이지를 읽어 가는 동안 다섯 번씩 나를 잠들게 했다. 수면제로서는 이보다 더 좋은 약이 있을까 싶다. 불면증으로 밤이 힘들다면 당신을 재워 줄 명약들이 도서관에서 기다리고 있다. 그래도 버텨야 한다. 책을 펴고 눈이 문장을 따라가도 머리에서 가슴으로 쏙쏙 들어오지 않는다. 물에 설탕을 넣어도 저어야 잘 녹듯이 녹을 때까지 시간이 필요하다. 책은 입에 넣으면 사르르 녹아드는 솜사탕이 아니다. 이른바 '독서 근육'이 어느 정도 형성될 때까지는 버티기다. 연습이 훌륭한 악기 연주자를 만드는 것처럼 연습 노력의 과정 없이 결과만 달콤하게 얻고자 하는 것은 독선이자 나 자신과의 불협의 징조다.

이 버티기는 상당한 정신노동력을 필요로 한다. 나를 방해하는 것들이 너무 많다. SNS 알림, 문자 메시지, 스마트폰으로 손이 가려는 욕구를 참아야 한다. 그래서 책을 볼 때는 가급적 스마트폰은 나와 거리를 멀리 두는 게 나를 이롭게 한다. 나는 그래서 아예 다른 방에 휴대전화를 두고 나온다. 그렇게 한 권 두 권 읽어 내려가다 보면 눈이 생긴다. 읽다가 보면 알게 된다. 이 책을 끝까지 읽을 것인가 말 것인가 하고 판단이 선다. 도서관 서가를 얼마쯤 거닐다 보면 이전에 보이지 않았던 제목들의 책들이 "안녕 어서 와— 우리 처음이지?" 하고 말을 걸어오고, 자주 봐 왔던 책들은 반갑게 재회하는 친구 같은 느낌을 준다.

그러면 나에게 고구마 줄기 같은 독서력이 생긴 것이다. 고구마 한 줄기가 생길 때까지만 '책읽기'를 멈추지 않는다면 그다음부터는 지수함수적으로 증가한다. 좋은 책 한 권을 만나면 그 작가의 다른 책이 연결되고 그 책은 당신에게 또 다른 책을 소개해 줄 것이다. 『엘리트 세습』을 읽고 나면 『그들은 왜 나보다 덜 내는가』를 읽게 되고 자연스레 『공정하다는 착각』이라는 불평등 시리즈가 눈에 들어온다. 『마담 보바리』에서 엠마의 욕망과 고뇌를 읽고 나면 『안나 카레니나』의 죽음을 향해, 밥 먹고 나서 카페에 커피 마시러 가듯 누가 안 시켜도, 책 속 공간을 옮겨 가게 된다.

이렇게 생겨난 고구마 줄기는 웬만한 칼로는 잘라 낼 수 없다. 이 말을 달리 해석하면 당신은 이제 이 세계를 벗어날 가능성이 사라졌다는 것이다. 매우 축복할 일이다.

그때라야 책님이 행하시는 진짜 기적을 볼 것이다.

고른 책이 교사에게 도움이 되도록

오래 알고 지낸 친한 사람들과 술자리를 할 때마다 느껴지는 게 있다. '저 사람은 저 말을 습관처럼 하는구나'라고. 내가 좋아하는 사람이라면 나도 어느새 그 사람의 말을 따라하기도 하고. 나도 거울 뉴런이 활동하는 공감 능력을 가진 사람이라는 것을 그럴 때 알게 된다. 그래서 '내가 자주 하는 말'은 어떤 게 있는지 궁금해 자주 이야기를 나누는 이에게 물어본 적이 있다. 내가 하는 관용구 같은 말이 무엇이냐고. 그가 내놓은 대답에 의하면, 나는 "책에서 본 건데…."라는 말을 자주 쓴다고 한다.

'책에서 본 건데'라는 말을 왜 자주 하는지는 두 가지 의미로 해석이 되었다. 첫 번째는 말주변이 얼마나 없으면 꼭 책의 내용을 빌려 와야만 이야기를 이어 갈 수 있는지. 귀를 기울여 경청하면 책에서 본 이야기를 꺼내지 않아도 상대의 말에 든 의미를 더 궁금해하고 깊이 들어설 수 있는데 말이다.

두 번째는 내가 하는 이야기의 신뢰성을 얻고 싶은 것이다. 대화의 믿음이랄까. '아 저 사람이 하는 이야기는 믿을 수 있어.'라고 하는 이미지를 얻고 싶은 마음이 큰 사람이어서일 테다. 그래서 어떤 책에서 본 지식을 빌어 간접 경험을 이야기한다면 그건 정확한 경험의 전달이어야 한다.

그런데 어느 책에서 본 건지 헛갈린다. '이 책이었나… 아니, 저 책이었나….' 그렇게 꺼낸 내 이야기는 신뢰가 떨어지는 느낌이다. 독서를 대충 했나 하는 생각마저도 든다. 책에 밑줄을 그으면서 보는 것도 방법인데 그게 기억으로 바로 넘어가지는 않는다. 도서관에서 빌린 책이라면 더더욱 밑줄을 그을 수는 없다.

오래 교감한 것일수록 좋은 것은 사람과 글이다. 사람과 오래 교감하고 관계를 유지하려면 내 삶에 그의 말과 행동이 나에게 영향을 주는 사람이어야 한다. 지성과 우정이 만날 때라야 윤리가 생긴다고 하지 않던가. 내 안에 오래도록 사귄 사람과 함께 지성을 채워 줄 글 역시 오래 살아남은 것들이어야 한다. 뒤편에서 언급하겠지만 이것이 고전을 읽는 이유이기도 하다. 내 안에서 오래 나와 교감해서 살아남도록 지식과 경험을 기억하는 것도 좋은 독서의 기술이다. 도서관 서가에 가면 이러한 기술을 담은 책들이 어마어마하게 많다. 초등학생용부터 어른용 도서까지 '독서'라는 키워드를 달고 나온 책들이 요즘은 주식이나 부동산 관련 서적 다음으로 많이 출판되는 흐름을 보인다. 나처럼 어설픈 이가 그런 기술까지 얻은 독서 장인일 리 만무하지만 기억하려고 애쓰려는 나만의 노력을 이야기해 보고 싶다.

첫 번째, 나만의 독서 노트가 있어야 한다. 『어른의 어휘력』을 쓴 작가 임선경은 자신만의 보물 같은 노트가 있다고 한다. 작가는 자신이 읽는 내용을 글로 만들어 방송으로 내 보내야 하기 때문이다. 교사도 읽은 내용을 내 것이 되게 하려면 독서 노트가 꼭 필요하다. 언제 어느 수업과 연결 지어질지 모르기 때문이다. 나만의 보물 같은 독서 노트를 만들어 두자. 나는 책을 볼 때 옆에 공책 한 권, 연필 한 자루를 두고 휘갈기듯 써서 적바림해 둔다. 책 읽을 때 노트 한 권, 막 깎아 낸 길고 노란 연필 한 자루를 두면 왠지 든든한 장비를 모두 갖추고 캠핑을 떠나는 느낌이다. 캠핑은 장비발이라는데 독서 노트와 연필, 포스트잇을 갖추고 나면 독서 장비발 풀로 장착한 듯 뿌듯한 느낌을 안고 책장을 편다.

연필로 글을 쓰는 힘. 필사가 주는 그 서걱서걱거리는 소리의 느낌은 써 보아야만 안다. 그 느낌을 손에 쥐고 필사도 하고 한 페이지, 한 챕터의 내용을 몇 줄의 문장으로 써 보는 것이다. 책을 덮고 나서 연필로 쓴 글귀들을 읽어 보면 내가 책을 덥쑥 끌어안은 느낌이다.

연필로 쓰기 어렵다면 얇고 가는 10색 포스트잇을 붙인다. 어떤 문장이 아주 마음에 든다면 그 문장에, 기억하고 싶은 단락이라면 그 단락의 시작점에, 두 단락이라면 단락과 단락 가운데 붙이고, 그 페이지 전체가 울림을 준다면 페이지 윗부분에 세로로 붙여 준다. 또한 색의 채도에 따라 나눈다. 정말 이건 꼭 기억해야겠다 싶은 부분은 빨간색 노란색을 쓰고, 적어 둬야겠다 싶은 부분은 보라색과 녹색 계열의 포스트잇을 붙여 둔다.

도서관에 책을 반납하면서 책에 붙은 포스트잇을 떼는 작업을 하면서 붙여 둔 부분을 다시 읽거나 적어야 할 부분은 적는다. 그러면 그 부분을 처음 읽었을 때의 느낌이 다시 살아날 때도 있고, '이 문장은 별로인데 왜 붙였지?' 하는 부분도 구분이 된다. 이러면서 책을 두 번 읽게 되는 효과를 얻을 수 있다.

스마트폰 앱을 이용하는 것도 방법이다. 독서 앱은 책 내용을 사진으로 찍고 디지털 스캔으로 원하는 부분을 선택하면 글자로 만들어 준다. 그러나 이 작업은 독서의 흐름을 꽤 깊이 침투해 깨뜨린다. 그래서 필요한 부분이라 생각되면 적바림해 두면서 읽어 나간 후 챕터나 독서가 끝났을 때 다시 찾아 가면서 담아 둘 수 있다. 스마트폰으로 사진을 찍어 두는 가장 손쉬운 방법을 많이 쓰는데 경험상 그 사진 파일을 다시 꺼내 들여다보는 일은 어떤 강력한 필요를 느꼈을 때를 제외하고는 찾아보는 일이 드물었다. 이렇게 하면 적바림해 둔 부분을 찾으면서 두 번, 앱으로 옮기면서 세 번 읽게 되는 효과를 거둔다. 어지간하면 잊어버릴 수가 없다. 되게 오래 걸릴 것 같지만 책 읽고 난 후 10분 정도면 되는 작업이다. 우리는 모두 에빙하우스의 망각 곡선의 기울기가 주는 의미가 무엇인지 배운 사람들이다.

종종 여행기를 다시 살펴보면서 사진과 글을 읽어 본다. 그때 그 장소, 시간으로 돌아가서 여행을 곱씹는다. 책을 다시 읽는 재독도 그와 꼭 닮았다. 다시 읽으면 그 책에 적힌 아포리즘이든 클리셰든 약이 되고 도끼가 되어 다시 나를 쏙쏙 깨워 주는 느낌 이다.

『모리와 함께한 화요일』처럼 모든 글을 내 삶으로 가지고 싶은 책이라면 두 번 세 번 보는 것이 더 의미를 새길 수 있다. 정말 좋 은 책이라면 재독을 하게 된다. 재독은 초독보다 훨씬 빨리 진행 된다. 그 과정을 통해 광물질이 눌리고 눌려 단단해져 보석이 되 어 가듯 내 안에도 보석이 생긴다. 이렇게 읽은 책은 내 삶의 한 부분을 보석처럼 빛을 내며 곱다시 오래 남아 준다.

너무 뻔한 다 아는 이야기라고? 그 뻔한 것을 왜 하고 있지 않 은가? 묻고 싶다.

4장

교실로 돌아오는
교사의 독서

혼을 낸 걸까, 화를 낸 걸까?

『타인에 대한 연민』을 쓴 마사 누스바움은 우리의 두려움으로 부터 발생 되는 민주주의 저해 요소들을 분노, 혐오, 시기, 질투 라고 보았다. 그것으로부터 어떻게 미국이라는 나라를 로마보다 오랫동안 지켜 냈는지, 두려움이 유발하는 부정의 한 것들을 치유할 최종 수단은 사랑이고 연민이라는 것에 방점을 두고 쉽지 않은 이야기를 풀어 나간다. 누스바움의 이 책의 원제는 '두려움의 군주제'다. 사람들이 원초적으로 가지고 있는 두려움을 이용해 민주주의를 위협하는 군주가 있었음을 제목으로 걸었다.

나는 누스바움이 지적하는 꼭 그런 교사였다. 담임을 하는 10년이 넘는 시간 동안이나 그러했다. 우리 반에는 내가 옳다고 여기는 가치를 행동으로 구현해 내게 하기 위한 구호가 있었고 그 것이 옳음이고 바른길임을 이념처럼 아이들에게 심었다. 아이들이 싸우거나, 협력하지 않거나, 시기하거나, 질투하거나, 용납하기 어려운 말과 행동을 보일 때마다 나는 철저하게 내 가치를 들이대며 침묵했다. 조제프 앙투안 투생 디누아르가 『침묵의 기술』에서 말한 '침묵의 정치학'을 사용했다. 즉 나의 침묵 언어는 자신을 통제하고 돌아보며 가다듬는 것을 목표로 하는 윤리학적 침묵의 잣대가 되지 못했고 아이들에 대한 지배와 기만, 통제를 목표로 하는 정치의 비책으로서의 침묵이었다.

그 침묵 끝에는 화를 냈다. 수업은 하지 않고 폭풍 잔소리를 해 댔다. 그런 날은 종일 아이들에게 배신당했다는 생각에 씩씩거리며 수업을 하다가도 아이들에게 불퉁거렸다. 눈치 빠른 아이들, 순박한 아이들은 나의 숨소리에도 눈치를 보았고 나는 다음 날부터 문제의(?) 아이들을 미워했다. 그리고 교사들이라면 나만 이러지는 않을 것이라는 생각으로 정당화했다. 비겁하고 그릇된 동료 의식이었고 비루한 자위였다. 책이 도끼가 된다는 카프카의 말처럼 그런 자발 없고 도사리 선생이던 나를 내려치던 책이 있었다. 토니 험프리스가 쓴 『선생님의 심리학』이란 책이었다.

학생이 고의로 부적응 행동을 하는 것이 아니라 자기 필요를 충족시킬 다른 방법을 알지 못하기 때문이라는 사실을 깨닫는 것이 중요하다. 학생의 입장에서 생각해 보면, 적응 방식이 가정에서 통하지 않았기 때문에 마지막 수단으로 부적응 방식을 발달시켰던 것이다. 여기서 중요한 점은, 부적응 행동의 저변에 놓인 문제는 학생마다 다르기 때문에 학생 개개인의 갈등에 적용할 수 있는 일반적인 방법이란 있을 수 없다는 것이다.[6]

비록 나의 교실이 즐거운 일, 웃음이 없는 그런 째마리 같은 교실은 아니었더라도 10년이 지나도록 나의 선생질은 풋내 나고 추레했다. 그랬던 나의 지난 부끄러웠던 날을 떠올리면 아이들에게 빚두루마기가 된 듯 불콰해진다. 쉬는 시간이면 운동장과 복도에서 아이들과 놀기 좋아하고, 수업은 전문 배우의 연극처럼 몰입감과 흥미를 주었을지언정 일정량 보존의 법칙처럼 나의 교실엔 나와 함께하지 못하는 아이들이 늘 있었다. 돌출 행동과 속 썩이는 행동을 하는 그런 아이들에게 나는 무심했다. 어정뜨게 내 방식대로 운전하는 차에 그 아이들을 태우지 않았고, 탑승하지 않은 손님을 두고 휴게소를 떠나 버리는 운전기사였다. 어쩌면 그 버스는 아이들의 발도 모자라 손까지 잘라 버리는 '프로크루스테스의 침대'였다.

서낙한 아이들을 손거스러미처럼 느꼈다. 나는 최선을 다하는데, 내가 하라는 대로만 하면 되는데, 왜 저 아이들은 저렇게 삐딱선을 타는 것일까. 아이들의 부적응 행동을 온전히 '그들 탓'으로 미뤄 버렸다. 『선생님의 심리학』을 통해서 내가 무엇을 잊고 있고, 선생님으로서 교실에서 무엇을 잘못하고 있는지를 깨닫곤

---

6) 토니 험프리스, 『선생님의 심리학』, 안기순 옮김 (파주: 다산북스, 2009)

망치로 얻어맞은 느낌이었다. 아이는 개별적인 존재이며 모두가 다른 방식으로 살아간다는 것을 깨닫는 데 왜 그리 오랜 시간이 걸렸는지. 저마다의 색깔을 입었고 제각기 다른 마음 모양으로 존재하는 아이들을 나는 그저 레고 조립하고, 테트리스 하듯 맞추려고만 했던 것이다.

또 다른 문제는, 학생들에게 부정적이고 공격적으로 반응하는 선생님은 자신에 대한 통제권을 학생에게 넘겨준다는 점이다. 이런 경우 학생들은 교실에서 자신이 선생님을 화나게 만들 수 있다는 사실을 안다. 일반적으로 학생은 교실에게 많은 힘을 갖지 않기 때문에 이 정도의 힘이라면 특히 자신의 자부심이 위협을 받는 경우에는 휘두를 만한 무기가 된다. 좋은 학급 운영의 목표는, 학생이 스스로 책임지도록 교육하는 것이다. 어떤 사회 시스템에서도 구성원은 일정 책임을 지고, 이에 따라 질서와 안전, 공정성, 정의, 조화가 조장되기 마련이다.[7]

또한 나의 교실에는 시스템이 없었다. 학생들을 이끌어 가는 교실을 오롯이 나 혼자 짊어지고 나의 통제 안에서만 두려고 했을까. 아마 누스바움이 말한 대로 두려웠을 것이다. 아이들을 잘 다루지 못하는 교사, 학급경영 능력이 없는 교사, 문제 있는 반으

---

7) 〈토니 험프리스, 앞의 책〉

로 보이기 싫었기에 다그치고, 주입하고, 사이비 종교의 수장처럼 강요하듯 아이들을 이끌었는지 모른다. 아이의 혼魂에 다가가 영혼을 꺼내서 들여다보며 혼을 꺼내는 교사여야 하는데 혼 근처에도 못 가고 화만 냈다. 이미 교실에서의 주도권을 학생에게 뺏겨 버린 교사의 교실이 어떠했겠는가. 그러면서도 나는 주변의 훌륭한 선후배 교사들처럼 빌밋하게라도 잘하고 있는 것이라 생각하며 지난 10년, 15년을 그렇게 보냈다.

이런 엉성한 교실에는 틈이 생겨 어김없이 2학기 10월, 11월이 되면 우리 반에는 아이들간에 문제가 생겼고 그걸 해결하느라 관리자, 학부모, 학생 상담을 했다. 지쳐 퇴근하면 빨리 '방학돼라. 방학 돼라.'라는 주문을 기도처럼 외웠다. 그런 교실에서 담임의 말이 먹혀들 리가 없었다. 3~4월에는 그렇게도 차분하고 즐겁던 수업 분위기가 학기말로 갈수록 엉망이 되어 간 이유는 학생들에게 스스로 생각해서 책임감 있게 행동하고 움직일 수 있는 학급 시스템을 만들지 못했기 때문이었고, 나는 화내고 소리만 지르는 다혈질 교사로 변해 있었다. 그래서 교실에서 일어나는 모든 일을 모두 나의 책임으로 느끼고 있던 나의 눈이 『선생님의 심리학』의 다음의 구절에서 심봉사 눈 뜨듯 번쩍 뜨였다.

학급 운영의 책임은 대개 학생의 몫이다. 선생님의 책임은, 계획된 학교 및 학급 시스템을 효과적으로 수행하는 것이다. 어떤 사회 시스템이고 수행의 효과 여부를 자주 점검하는 것이 바람직하다.

이런 접근법을 사용할 때, 학생은 선생님을 규율을 강요하는 사람이 아닌 선택과 선택에 따른 결과(긍정적인 결과와 처벌)를 제시하는 사람으로 보고 자신의 책임을 분명하게 인식할 수 있다. 학생에게 책임을 부여하고 학생의 책임수행 능력을 믿는 것이 학생들의 자부심을 부추기는 강력한 힘이다.[8]

이런 부끄러운 고백의 글을 쓰면서도 자그럽기만 하다. 그러나 책을 통해 내가 좀 더 나은 교사가 되었다 말할 수 있다. 이제 우리 교실에는 부족하지만 시스템이라고 할 만한 것들이 돌아간다. 아이들은 3주마다 한 번씩 역할을 바꾸고 자기가 맡은 일을 해찰하지 않고, 다음에 맡을 자기 역할을 기대하며 발맘발맘 자라는 아이들을 본다. 그리고 내가 교실에 없거나 학교에 나오지 못하는 날에도 한결 아이들이 잘해 줄 것이라는 믿음이 있다. 하루 연가 내고 다음 날 학교에 갔더니 동학년 선생님들이 우리 반을 칭찬했다. "부장님 반 아이들 어쩌면 그렇게 그림처럼 예쁘게 잘해요?" 하고 보결에 들어온 선생님 한 분이 톡을 보냈다.

교사는 학생들이 스스로 책임 있는 행동을 할 수 있도록 하고 그에 따른 결과를 함께 이야기하고 고쳐 나가고 이끌어 가면서 아이들이 온 존재로 살아갈 수 있도록 해 주는 존재여야 한다. 전담 교사를 해 보면 담임이 아이들을 얼마나 믿는지, 함께 학급

---

8) 〈토니 험프리스, 앞의 책〉

을 만들어 가는 반인지 아닌지 여실히 드러난다. 반마다 정말 분위기가 다르다. 학생들을 믿고 의지해야 한다. 혼자 가지 말고 함께 가야 한다. 최종 수단은 '학생의 삶에 대한 연민과 사랑'이어야 한다. 그게 선생님의 바른 심리학이다.

교사의 독서는 이런 것이다. 지금의 학교는 예전과 달리 교실은 개인 공간이자 나만의 닫힌 교실이라는 생각이 엷어지고, 전문적 학습공동체 활동을 통해서 나눔과 공유가 활발하게 일어난다고는 하나 대개 수업 방식이나 사례 경험 나눔, 느슨하고 가벼운 여러 학생 학습 및 생활지도 사례 나눔 수준에 머물 때 나를 도와줄 수 있는 것이 다름 아닌 책읽기다.

정치적 선택과 소외를 넘어
모두가 예쁜 꽃이 되길

"차이가 남으로써 비로소 의미가 생긴다."

나는 이 명제를 무시하고, 없애고, 균질화하기 위한 교육으로 길러진 세대다. 그 교육이 내 영혼의 살을 찌웠고, 관념이라는 벗을 수 없도록 죄어진 코르셋을 입고 살도록 했다. '나'의 영역 동심원 바깥에 나를 세운다는 것은 엄동설한에 맨몸, 맨발로 시베리아에서 먼 남쪽 땅까지 찾아가야 하는 길과 같았다. 나는 따뜻하고 안전하고 싶었다. 그래서 나의 교실에서는 매일 같이 강연회가 열렸다. '너는 들어라. 말은 내가 한다.'

학생들은 똑같이 배우고, 똑같이 느끼고 똑같은 목표를 향해 성취 수준을 달성해야 하는 존재들이고 그 도달 정도가 '교사' 능력의 잣대였다. 그 어떤 새로운 방식과 형태와 모둠 수업이었든지 간에 가야 할 도착점은 같았다. 그러니 가야 할 정해진 루트를 벗어나는 행동과 사고, 질문이 허용될 리 없었다. 교실에서 차이가 발생한다는 것은 못난 정원사가 가꾸기를 포기해 수풀이 어지럽게 자란 정원이었다. 이렇게 내 관념에 입혀진 옷을 벗을 생각을 '1'도 하지 않고 안전하기만 바랐다. 아이들의 팔다리가 잘리든, 영혼의 목이 잘리든 무관하고 무감했다. 내가 그렇게 길러지고 교육받았듯 나도 똑같은 모습의 교사로 살았다. 내 교실에는 나만 있었다.

똑같이 한 줄로 세우고, 똑같이 일등을 갈망하고, 똑같은 시험지로 전국의 아이들이 일시에 시험을 보고, 별 의미도 없는 숫자 따위로 아이들의 값어치를 매기고 그 미래를 함부로 예단해요. 똑같이 1퍼센트를 지향하고, 똑같은 성공 신화를 갈망하고 '성공'이라는 환상을 향한 의심 없는 질주로 피 마르게 경쟁하며 불안해 합니다. 사람만이 참으로 이상하게도요. 남과 자신을 비교하며 사는 일만큼 피로하고 헛된 일이 있을까요. 남의 자식과 비교하여 내 자식을 다그치는 일만큼 불행하고 어리석은 일이 있을까요.[9]

그렇게 살던 나를 깨워 준 첫 책이 바로 김혜형의 『자연에서 읽다』였다. 내 세계에서 묶여 있는 의식을 천천히 그리고 자연에 가까운 순리로 이끌 듯 꺼내 주었다. 꼭 만나고 싶은 이 작가가 어떤 사람인지 찾아봤으나 어떤 정보도 찾을 수 없었다. 들풀꽃

---

9) 김혜형, 『자연에서 읽다』(서울: 낮은산, 2017)

이 새로 피는 새 봄날이 오면 이분이 살고 있다는 어느 산골로 찾아가 차 한잔 나누고 오고 싶었다.

이 책을 읽은 후에야 낮은 시선으로 주변을 천천히 둘러보니 교실에는 예전에 보지 못했던, 보이지도 않았고 알지도 못했고 관심조차 없었던 풀과 꽃들의 아이들이 낱낱이 보였다. 자신의 모습으로 살고자 하는 아이들을 내 말의 칼로 풀 허리를 베었고, 수업이라는 독한 제초제 농약을 쳐서 죽였다. 남이 지향하는 시선을 의식하지 않고, 각자 다 다른 모습으로, 각자 다 다른 성질을 가진 채, 자만심이나 열등감으로 자신을 들볶지 않고도 얼마든지 예쁘게 잘 살아 낼 수 있는 아이들이었다. '인간은 타자의 욕망을 욕망한다'는 그 말에 꼭 들어맞게끔만 아이들을 키워 내고 있었다. 올리버 헉슬리가 그린 '멋진 신세계'를 만들고 싶었던 것 아닌가.

"쟤는 도대체 왜 저런 쓸데없는 소리만 할까.", "말 안 듣는 아이들 때문에 수업이 너무 힘들다.", "애들이 엉뚱깽뚱한 소리만 하네."라는 불평을 아이들 앞에서도 해 대며 살았으니 그 수업이 오죽이나 했겠는가. 작가의 말대로 다 다른 것이 당연하고, 다 달라서 아름답고, 다 달라서 다채롭고 살맛 나는 세상인데, 이상하게도 사람만이 그것을 잊고 산다는데 나도 철저히 그런 사람이었음을 자연에 살고 있는 김혜형은 바람이 전하는 말처럼 나에게 알려 주었다.

현재의 인류가 만들어 낸 이 파괴적인 생존 방식의 지구에서는 약 15분에 한 종씩 멸종하고 있다. 멸종은 생명체의 본능이 아니다. 우리는 그저 존재하려는 존재다. 이런 운명을 거스르지 않는 본능을 지키기 위해서라도 협력이 필요하다. '우리는 왜 고통을 받는가?'라는 질문에 대한 쇼펜하우어의 대답은 "우리가 본래 지니고 있어 없앨 수도, 이별할 수도 없는 생의 의지 때문"이다. 그의 말이 맞는다면 좋은 교사란 학교에서 존재의 의지가 주는 고통과 조화를 찾도록 해야 하고, 타 생명체와 충돌하는 고통까지 겪지 않도록 협력의 경험과 기술을 가르쳐 주는 존재여야 한다.

나의 정의와 너의 옳음이 충돌하는 공간인 교실에서 협력을 통해 모두 같이 살아갈 수 있도록 하는 '공공선'에 부합하는 삶을 살 수 있는 존재로 키워야 한다. 그렇게 하려면 교사는 아이들의 상상력과 질문이 있는 수업을 열어 줘야 한다. 가장 효율적이라고 알려진 서너 명의 단위 협력 학습을 하게 하고, 각자의 목표와 지향점을 향해 가는 그 과정에서 나오는 질문과 결과물을 충분히 존중해 주는 교사여야 한다. 산업화 시대에 자라난 나는 생산 방식 기술과 생산물의 표준화처럼 아이들의 영혼마저 균질화하는 교실을 만들었다. 각자 'The One'이 되어야 했을 아이들의 영혼을 그렇게 난도질해 왔다. 진리를 가장 단순히 설명할 수 있는 오컴의 면도날을 든 것도 아니면서 말이다.

우리는 아이의 어떤 질문이 아이의 먼 장래에까지 영향을 줄 수 있는지 알지 못한다. 아이의 어떤 질문이 정말 창의적인지 모른다. 대개 '저런 헛소리를….', '저런 엉뚱한 상상을….' 할 수 있다. 그래서 우리가 할 수 있는 것은 '판단'이 아니라 이 교실에서 나의 의견과 생각과 질문이 '존중'받고 있다는 느낌이 실체로 느껴지는 경험을 아이들에게 주어야 한다. 그래야 살아 있는 교실이 된다. 교실이 그런 방식으로 살아 있을 때 창의적 학급 운영이 되고, 교사의 수업과 생활지도, 학급 규칙, 동료로서 친구의 말과 행동이 학급 개개인에게 영향을 미칠 수 있다. 이른바 학급 안에서 집단 지성이 자생하는 것이다.

교사는 아이들에게 새로운 경험을 주고 그들이 쌓으며 자라난 각각의 모습을 예뻐할 수 있으면 된다. 높고 크게 자라지 않았어도 예쁜 꽃들이다. 각자의 방식으로 쌓아 온 경험을 역시 각자의 방식으로 리부트 할 수 있도록 해 주어야 한다. 흔히 말하듯 20세기의 교사가 21세기 문맹을 만들지 말아야 한다. 나도 당신도 꽃이니까.

민들레도 냉이도 쑥도 개망초도 각자의 삶을 자기답게 살아가요. 키 작은 민들레가 키 큰 접시꽃을 부러워하지 않듯, 누구도 대신할 수 없는 자신의 고유성에 집중할 때 삶은 꽃처럼 피어납니다. 다른 꽃과 비교해 초라한 꽃이란 세상 어디에도 없어요. 풀들처럼 꽃들처럼, 나도 주어진 한 목숨, 제 몫을 다해 살 뿐이에요. 세상 꽃이 한 가지만 피던가요? 나도 당신도 꽃입니다.[10]

---

10) 〈김혜형, 앞의 책〉

나는 내 동심원 바깥의 것들에 대한 차이를 지독히도 차별하며 살았다. 차이가 나야 의미가 생기는데. 이 불량 교사의 무지한 차별로 선택하고, 차이를 외면해 소외를 발생시키는 일은 이제 그만두어야 한다. 아니, 많이 늦었다.

당신은 차별하는 교사인가요?

앞 장의 이야기에서 말을 이어 가 보자. 그 시절의 나는 아이들의 감정을 관찰하지도, 주의 깊게 보려 하지도 않는 '감정 난독증'이라는 마음을 파괴하는 질병을 앓고 있었다. 그러니 학부모들이 정확히 알아보고 말했듯 '한번 찍히면 끝'의 사고를 가진 교사였을 것이다. 즉 이 말은 내가 차별하는 교사였다는 것이다. '차별하는 교사라고! 내가? 아닌데. 진짜 아니야.'

'당신은 차별하는 사람인가요?' 이 질문에 대부분은 '나는 차별하는, 그런 비도덕적인 사람은 아니야.'라는 말로 빠르게 답한다. 과연 그럴까? 나카지마 요시미치는 『차별 감정의 철학』에서 차별이 우리 생각보다 훨씬 사회적으로 보편화 된 감정임을 이야기한다. 나는 '정상'이라는 신호를 보내 혐오와 차별로부터 안전하기를 원하며 타인도 나처럼 '정상'이라는 신호를 보내 주는 것을 기대한다. 거기서 '벗어나지 않는' 존재만이 내 편이라는 암묵적

합의 속에 살고 있다. 때문에 '왕따'라고 하는 우리 사회의 대표적이고 흔한 차별 현상이 발생한다.

이에 대해 나카지마 요시미치는 개인의 도덕적 성향이 낮아서라기보다는, 눈에 보이는 분명한 개인의 차이가 무시된 채 평등 사상이 주입된 탓으로 보았다. 이렇게 형성된 공동체는 모두가 똑같아야 한다는 '무질서한 평등의 공기'로 숨을 쉰다. 질식할 것 같지 않은가. 군대도 아닌데. 그러므로 '차이'의 존중을 원하는 욕구가 새어 나온다. 마치 보도블럭 좁은 틈새로 자라나는 잡초의 강인한 생명력으로 '나와 다름', '우리와 다름'을 찾아내 그 집단 나름의 질서를 구축하고자 한다. 이것이 왕따 현상의 원인이며 이는 차별 감정에서 비롯되는 것이라고 설명한다. 즉 일본 특유의 전체주의 교육으로 인해 튀는 것이 지양되는 교실에서 자라는 아이들은 개개의 특성에 대해 존중받은 경험이 적었다. 모두가 똑같아지도록 높은 강도의 교육 받지만 그 틈바구니로 자라나는 것은 '다름'에 대한 인정 욕구가 삐뚤어지며 웃자랐고 그것이 유독 일본에서 '왕따' 현상이 심각하게 일어난 원인으로 본 것이다.

과거 우리 나라의 교육도 크게 다르지 않았다. 지금보다 왕따 문제가 훨씬 더 심각했던 시간이 있었음이 이를 뒷받침하는 근거가 될 수 있다. 나도 어쩌면 그랬는지 모른다. 교사인 내가 정상이고, 말을 듣지 않고 나의 가르침을 이해하지 못하는 너희들이 비정상이라고 숨어 있는 차별의 감정을 태도로 드러낸 것이다. 말로 때리는 매와 침묵의 엄격함으로 차별에 복종하게 만들었다. 차별을 통해 혐오의 행위는 의식적이었면서도 의식하지 못했고, 계산적이면서도 계산적이라는 자각이 없었다. 잘 살피지 않으면 교사는 교실 구성원을 차별하고 또 학교 공동체를 움직이는 누군가로부터 차별을 당하고 있다. 그게 차별이라고 인식하지 못하는 것일 뿐이다. 그러나 우리는 차별하지 않는다고 생각한다. 그러나 정확히는 우리가 생각하는 '나의 집단'이라는 범주 안에서만 평등하려고 노력한다. 『선량한 차별주의자』에서는 그 평등의 범주를 '정의의 영토'라고 한다.

검찰을 비롯한 권력기관은 자신이 속한 조직의 범죄에 대해서는 이렇게까지 유연한 해석이 가능한가 싶을 정도로 관용의 태도를 보이지만 그 이외 대상을 향해서는 추상 같은 '법의 엄격함'을 덧씌운 '정의와 공정'의 상식을 들이댄다. 이를 보면서 권력기관이 평등을 추구하는 정의의 영토가 어디까지인지 알 수 있다. 가장 심한 차별과 특권을 가지는 곳이 국회다. 세상에 자기가 한 말에 대한 책임을 지지 않을 수 있는 사람들이라니. 체포되지 않을 공식적인 특권도 모자라 법안 발의라는 그들만이 할 수 있고, 해야 하는 고유의 일을 하지 않고도, 회기 중에 출근하지 않아도 징계나 처벌 대신 급여가 나오는 비공식적 특권도 있다. 국회에 입장한 사람들만 가질 수 있는 평등 속에 사는 사람들이다.

이 책은 우리의 언어, 문화, 생활, 제도 등에서 만나는 차별에 관한 이야기들을 담고 있다. 다문화, 우리는 이 용어를 문화적 다양성이라고 해석하는 경향보다는 주로 결혼 이주를 통한 혼혈자들을 통칭하는 낮게 보는 관념을 가지고서 사용한다. 동성애, 퀴어 축제. 그들의 축제에 많은 사람들이 눈살을 찌푸리고 반대하는 이유는, 그들은 문제적 인간이며 그들의 정상적(?)인 범주의 사람들인 우리들 공공의 영역에 침입하기 때문이라고 여긴다. 장애인의 이동권 보장과 복지에 대해서는 "호의가 계속되면 권리인 줄 안다."라는 말로 장애인은 그것은 나라에서 베푸는 호의이며 언제든지 거둬들일 수 있으니 감사해야 한다고 생각한다.

평등한 사회의 시초를 그리스의 토론 광장 '아고라'로 여기지만 실제 그곳은 모두의 평등이 아닌 우리의 국회처럼 그곳에 입장한 사람들만의 평등이었다. 그러기에 우리는 기를 쓰고 사회 구성원 모두가 인정하는 좀 더 높은 곳으로 입장해 불평등에서 벗어나고자 한다. 그렇게 높은 곳에 오른 자들은 현실 불평등 해소 대신 '유지'를 택하는 방향으로 삶의 발자국을 낸다. 그런 사람들을 우리는 기득권이라고 부른다. 기득권에 선 사람들은 그들이 누리는 불평등한 혜택들에 대해서 '차이에 따른 차별'이기 때문에 오히려 정당하다고 말한다. 그것이 '정당하지 않음'에 분노하고 문제점을 제기해 고쳐 나가는 것을 행위를 '시민 불복종'이라고 한다. 나의 교실에서는 그런 불복종이 허용되지 않았다.

차별을 연구하는 지은이조차 '결정 장애'라는 말을 쓰면서 '이게 차별이야?'라고 생각했다고 한다. 무언가를 결정해야 할 순간에 망설이는 자신을 스스로 장애인의 지위까지 데리고 가는 것은 의도하지 않았고, 계산하지 않았지만 '장애는 문제'라는 차별 의식을 깔고 있었음을 발견한다. 나 역시 '학급 운영'이라는 대전제로 교사의 말을 잘 듣는 '착한 아이'와 그렇지 않은 '말썽꾸러기'라는 낙인으로 차별을 만든 교사이며 차별에 복종하도록 하는 사람이었지 않나 다시 생각한다. 이 책을 통해서 의식하지 못한 차별 행위를 하고 있던 나를 마주할 수 있었다. 이 책의 제목 그대로 나처럼 당신도 '선량한 차별주의자'인 교사가 될 수 있다.

"싫어.", "싫다." 우리는 이 말을 쉽게 쓰고 있는 것 같고 동등한 관계에서는 차별을 느끼기 어렵지만 권력관계 혹은 상하 관계에서 "싫어."는 차별을 가져오는 대표적인 말이다. 오늘 회식은 삼겹살로, 이번 직원 여행은 부산으로 가자는 직원들의 의견이 많았어도 교장의 "싫어." 이 한 마디는 직원들의 의견이 모조리 무시되는 차별을 가지고 온다. 교사의 "싫어." 역시 학생이 다른 학생에게 "싫어."라고 하는 것과 다르다. 나의 교실에서 '싫음'을 여과 없이 내뱉는 나는 오늘도 선량한 차별주의자로 살아가고 있는지 모른다.

어느 해 우리 반엔 시리아에서 탈출해 온 난민에 가까운 아이가 있었다. 한 아이만을 빼고 학급 대부분의 아이와 소통이 없거나 사이가 썩 좋지 않았다. 수학을 꽤나 잘했지만 언어와 감정 표현에서 막힌 소통의 벽이 높았다. 이 아이가 지나는 길을 막고 앉은 아이들은 선량한 아이들이었다. 남자 아이들 몇몇이 의도

하지 않았겠지만 의자에 앉아서 그 아이가 지나갈 길을 터 주지 않았고 아이는 이리저리 돌아가려고 애쓰던 모습이 아직 선명하다. 이 아이들에게 아까와 같은 질문을 해 보면 자신들은 차별하지 않았노라고 대답할 것 같다. 나처럼 말이다.

종종 아이들과 도덕 시간에 EBS 〈인간의 두 얼굴〉에서 나온 인종 차별 영상을 보면서 우리 안에 있는 차별 의식에 대해 이야기한다. 그 영상에 등장하는 어른들도 우리나라 사람들은 인종에 따라 사람을 차별하지 않을 것 같다고 말한다. 하지만 캐나다인은 지하철역까지 자발적으로 데려가 주는 친절을 받은 반면 동남아시아에서 온 구나완 씨는 "Where is Coex Mall?"에 대답해 줄 누군가를 만나기 위해 같은 질문을 수없이 반복하며 강남역 거리를 헤매야 했다. 결국 그는 자신을 차별하지 않는 어떤 누구도 만나지 못했다.

당신이 조금 더 훌륭한 교사라면 '아이들의 정의의 영토'를 확장시켜 줄 수 있는 교사여야 한다. 아이들이 의도하지 않고, 계산되지 않고 자행하는 차별을 발견해 차이를 존중하는 모습을 수업과 '교사의 언어'를 통해 보여 주어야 한다. 사용하는 언어의 질감이 다른 아이들이 쓰는 표현 차이를, 운동 능력의 차이가 드러나는 체육 시간에, 그리기 능력의 차이가 드러나는 미술 시간에, 글 읽고 짓는 능력의 차이가 드러나는 국어 시간에, 계산과 이해의 속도가 제 각각인 수학 시간에, 세상을 이해하고 상식에 접해 본 깊이가 다른 사회 시간에. 개개인이 존중받지 않는 교실에는 차별의 감정이 독초처럼 웃자란다.

　다시 묻는다. "당신은 차별하는 교사인가요?" 앞 장에 소개한 『자연에서 읽다』에서 이야기했듯 나는 차이를 존중할 줄 알고, 차이를 관찰해 발견하려고 애쓴다. 그래서 이 질문에는 이렇게 대답하고 싶다. "'차이'는 눈 밝게 긍정하는 교사, '차별'은 눈 감아 부정하는 교사입니다."라고.

스마트폰과 이별하게 해 주기

6교시 수업이 끝난다. 청소 역할을 맡은 아이들이 남는다. 어떤 날은 청소를 자원하는 아이들이 남는다. 그리고 마치 콜로세움에서 관중들이 빠지듯 군중속의 아이들은 제 역할을 해야 할 다른 곳으로 돌아서 교실을 나선다. 그와 동시에 아이들 손은 꺼두었던 폰을 켜면서 계단을 내려간다. 위험해 보이는 그 순간에도 여기 저기 각양각색의 알림음이 울린다. 아이들과 뒤섞여 복도를 헤치며 교무실이나 연구실을 오가다 보면 방과 후 수업을 기다리는 아이들이 어학실, 컴퓨터실, 도서실, 1학년 교실 앞, 계단이 구부러지는 공간에 삼삼오오 모여 앉아 있다. 이때도 거의 모든 아이들에게는 핸드폰이 들려 있다. 대개는 게임을 하느라 내가 지나가는지도 모른다.

"○○아, 무슨 게임인데 그렇게 재밌어? 어째 눈빛들은 다 같이 PC방 온 거 같다."

바닥에 철퍼덕 앉아 있는 모습이 어쩌면 그렇게 자로 밀어 깎은 듯 같은 높이에, 똑같은 각도로 숙인 고개가 일렬로 죽 늘어선 것을 보면 PC방과 다를 것 없는 풍경이다. 와콤 펜을 쥐어 주면 패드가 아닌 모니터에 갖다 대고 그릴 정도로 스마트폰이 없이 살아 본 경험이 없는 아이들이다. 거의 한 몸인 듯하다. 대부분의 학교에서는 '스마트폰 중독 예방 교육'이라는 것을 창체 자율 활동 시간에 해야 한다. 한 학기에 한두 번. 많으면 대여섯 차시. 이게 효과 있을까? 하는 강력한 의심이 드는 장면이다. 아이들의 두뇌 가소성이 어른들의 것과 다르다고는 하지만 그 효과를 기대하는 일은 주식 강의 한 번 듣고서 내일 상한가를 기록할 주식을 골라낼 확률과 비슷하지 않을까.

영상이 익숙한 아이들에게 스마트폰을 멀리하자는 나의 설명과 읍소와 부탁은 선생님의 잔소리로 들릴지 모른다. 그래도 아직은 부모의 통제 영향에 있는 아이들이라 청소년들보다는 휴대폰과 한 몸 되는 정도가 깊지 않다. 하지만 이런 아이들도 1~2년 후면 그 청소년들로 변해 갈 것이 보름의 달이 둥글어지는 것보다 더 명확하기에 아이들이 그렇게 되지 않기를 기도하는 마음으로 '과학'을 동원한다. 스마트폰과 게임에 중독된 뇌가 어떻게 고장이 나서 작동하지 않는지를 실험한 영상을 보여 주면. 아이들의 반응이 세 부류로 나눠진다. "우와— 놀랍다. 스마트폰이 무서운 것이구나." 하는 반응과 별 관심 없다는 부류. 그리고 급 말이 없어진 부류. 주로 세 번째 반응의 아이들이 스마트폰과의 거리가 가장 가까운 아이들이다.

앞서 이야기 했듯 아이들에게는 교사의 이야기는 유튜브가 보여 주는 영상보다 훨씬 큰 효과를 발휘한다. 그래서 찬찬히 아이들에게 내가 하고 싶은 이야기를 진지하게 꺼내 놓는다. 이렇게.

"인류는 문자의 발명을 통해 깊은 생각을 할 수 있게 되었지. 그 문자를 기록하기 위해서 다시 종이의 발명이 필요했지. 하지만 문자로 기록된 것은 널리 보급될 수가 없었어. 종이가 워낙 비싸고 귀했거든. 성직자와 귀족 계층끼리만 공유하던 사람들의 생각과 지식이 언제 폭발적으로 확산되었는지 아니? 바로 인쇄술이야. 쉽게 말하면 복사기의 발명이지. 14세기 인쇄술의 발달로 책을 베껴 쓰는 필경사라는 직업이 소용없게 되었지. 구텐베르크의 인쇄술 발명 이후 보급된 책은 그 이전 1,000년 동안 만들어진 책과 맞먹는 양이 되었어. 책의 보급은 대중을 생각하는 사람들로 만들었고 이를 두려워한 귀족은 책이 가지고 오는 해악을 설파하기에 바빴으니까. 심지어 책을 가졌다는 이유로 주술사로부터 주술을 당하기도 했었지. 믿어지지 않겠지만 말이다. 우리가 함께 읽었던 『책과 노니는 집』 내용 기억하지? 그것도 사실은 그런 이유에서였지. 그렇게 수많은 사람으로 생각으로 만들어진 귀한 책을 얼마나 마음껏 읽을 수 있는 시대에 살고 있단다. 그 안에는 우리가 모르고 있지만 공감할 수 있는 마음들이 있거든. 그런데 사람들은 책보다 스마트폰을 훨씬 더 많이 보지? 책마저도 이제는 전자책으로 읽고. 그러면 이제 문자와 종이의 시대는 없어져도 되는 걸까?"

나의 이 지식 배경에는 『생각하지 않는 사람들』이라는 책이 있다. 소크라테스는 기억과 읽기가 우리가 타고 난 본성을 해칠 수 있다고 했지만, 플라톤은 읽고 기억하는 것으로 올바른 이성을 가진 상태를 유지하는 것이 더 나은 일라고 했다. 소크라테스가 외면한, 적어도 현재까지 읽기는 '읽기와 이해를 통해 개념 간의 관계를 성립하고 추론하며 이전에 얻은 지식을 활성화시켜 주제로 통합하는 과정'을 할 수 있는 깊은 사고 능력이다.

또한 학습과 배움은 뉴런의 생성과 연결이다. 신경해부학적인 변화가 있을 때 일어나는 현상이다. 학습으로 인한 기억의 강화는 단순한 뉴런의 연결이 아닌 해부학적으로 의미 있는 신체 변화를 가지고 온다. 이런 연구를 결과를 알지 못 했지만 듀이는 이와 거의 정확하게 일치하는 교육적 견해를 밝힌다. 즉, 교육은 끊임없이 경험을 재구성해 가는 것으로 이해되어야 하고 교육은 목적과 과정이 결국 동일한 것이라고. 그렇다면 교육을 담당하는 교사는 교실에서 아이들에게 경험을 심어 주는 시간을 제공해야지 검색 능력을 키워 주는 것은 바른 교육의 길이 아니지 않을까.

인터넷의 발견과 확산, 그 폭발력을 노벨의 다이너마트보다 지수함수적 증가 변화로 가져온 스티브 잡스 덕에 우리 아이들은 모든 기억은 '검색'이라는 이름으로 외주화되었다. 차분히 앉아 생각하며 읽는 교실 대신 대강 읽기와 훑어 읽기를 하는 '문해력 부진아'를 키우고 있는지 모른다. 이제 아이들은 원하는 정보를 빨리 찾기 위해 웹 화면을 F 자로 읽어 내려가는 습관을 가진 인류가 되었다고 한다. 첫 줄은 열심히 읽지만 두 번째 줄부턴 짧게 대충 읽고, 그 아래 문장부턴 읽지 않고 대충 넘어간다. 100단어가 추가될 때마다 우리가 웹 화면에 더 머무르는 시간은 고작 4.4초!

여행을 가면 그 도시의 큰 미술관은 꼭 들른다. 규모가 정말 큰 미술관을 다녀오면 분명히 거장의 작품에서 받는 감동이 적지 않은데 몸은 이상하리만큼 지치고 힘이 들었다. 그 이유를 『휴식의 철학』에서 알게 되었다. 뇌를 쉴 새 없이 일하도록 만드는 또 다른 통로가 눈이기 때문이었다. 모든 그림과 색깔이 한꺼번에 우리 앞에 펼쳐지기 때문에 미술관에서 느끼는 피로는 귀로 들을 때보다 훨씬 더 크다. 각양각색의 모양들, 서로 서로 천차만별인 소재들이 잠시 쉴 짬도 없이 시야에 연달아 들어오기 때문에 우리 뇌는 정신을 못 차리고 기억하지 못하고 버려지는 수용 불가능한 자극을 계속 받는 것이다. 스마트폰 화면이 미술관의 그것보다 못할 리 없다.

심리학자들은 우리가 '현재'라고 부르는 순간의 시간을 약 3초 정도의 경험의 길이로 본다. 일생 동안 우리는 약 5억개 정도의 순간을 경험하는 것이다. 그 5억 개의 경험 중 우리가 기억하는 것은 얼마나 될까? 이미 우리는 너무나도 유명한 대니얼 카너먼의 실험을 통해 '경험하는 자아'와 '기억하는 자아'가 다르다는 것

교실이 지겨운 교사에게

을 알고 있다. 수많은 경험은 사라지고 아주 일부분만 남은 기억이 '자아'를 이룬다. 우리는 기억이 없으면 자아를 상실한다. 그래서 올리버 색스의 『아내를 모자로 착각한 남자』에서는 '기억의 연속적 집합체'가 자아라고 할 때 과연 치매 노인에게도 과연 자아가 있다 할 수 있는지를 묻는다.

감각기관을 통해 뭔가를 받아들이고 인식할 때는 뇌가 방해받지 않고 조용히 자기 할 일을 할 수 있어야 기억도 오래 할 수 있는데 뇌에 동시다발적인 자극을 일으키는 멀티태스킹으로 인한 산만, 주의력 분산으로 인해 인류는 과거보다 기억하고 깊은 사고를 더 못하게 되었다. 이것저것 클릭을 하게 만드는 가장 강한 멀티태스킹 유혹 도구인 스마트폰 사용 시간 증가는 기억력을 감퇴시킨다. 집중력 분산은 우리의 인지적 능력에 더 많은 노동을 가해 학습 성과를 낮추고 이해력도 약화시킨다. 즉 우리를 '깊은 생각을 하는 동물'에서 피상적으로 대충 생각하고, 기억하지 못하는 존재로 진화하고 있다. 다만 우리의 뇌 기능의 일부분인 필요로 하는 것을 빨리 보고, 빨리 파악하고, 빨리 넘기는 단기기억과 작업 기억은 발달하고 있다.

따라서 더욱 얕은 수준의 두뇌 활동이 활발히 일어나 더 이상 새로운 학습의 경험이 행복감을 주는 세로토닌으로 분비되지 않으며 뉴런의 연결을 통한 뇌의 기능은 점점 더뎌지고 기억 능력이 약화된다. 이미 우리가 외우고 있는 전화번호는 열 손가락은 커녕 다섯 손가락에도 겨우 지나지 않게 되었다. 예전엔 전화번호 스무 개는 다들 외우고 다녔는데 말이다. 훌륭한 교사의 교실에서는 가급적 이런 교육이 일어나지 않았으면 한다. 나는 수업시간에 영상물을 활용하는 것을 지양한다. 교실이 아니라도 그것들은 이미 차고 넘치고 있으니까. '기억한다는 것'에 대해서 그것이 얼마나 소중한 일인지를 깨운 글이 있었다.

"그래서 기억하는 것은 참으로 소중한 생각의 과정이다. 그리운 사람, 사건, 사물에 대한 느낌을 마음 안에서 불러 모으면 그것은 그대로 현실이 된다. 아프고 고통스러운, 이해하지 못한 상처도 내 마음 안으로 불러와 기억하면 새로운 의미로 내 안에서 통합된다. 단순한 암기 차원이 아니라 살아 있는 의미와 가치로 기억하고 싶다. 요리는 단지 먹기 위해서가 아니라 사랑을 나누는 일이며, 운전은 차를 움직이는 것이 아니라 누군가에게 다가가는 행위다. 일에 필요한 정보를 탐색하는 것은 단지 월급을 받기 위한 노동이 아니라 세상을 움직이고 생기를 더해 주는 사명을 수행하는 것이다."[11]

기억한다는 것은 내 안에서 경험을 통합해 새로운 자아를 만들어 가는 시간일지도 모른다. 그래서 국어 시간에는 아이들과 시 외우기를 한다. 눈을 감고 시를 외워 본다. 마음에 드는 문장

---

[11] 김용은, 『어쩌면 조금 외로웠는지도 몰라』(서울: 애플북스, 2017)

을 찾아서 외워 보고 공책에 써 보게 한다. 아이들이 외울 것이 너무 많다면서 가장 투덜거리는 사회 시간에는 배웠던 내용과 내가 기억하는 경험이 연결될 수 있는 지식을 찾아보는 활동으로 수업을 연다. 오늘 나에게 있었던 일들을 하나씩 차근차근히 순서대로 기억을 떠올려 시간별로 노트에 적어 보게 한다. 손을 움직여야 한다. 내 근육 신경을 뇌와 연결해 보는 경험을 자주 함으로써 스마트폰이 아이들에게 주는 영향에서 조금 더 멀어지게 해 주고 싶다.

이 책을 통해서 스마트폰과의 거리 두기는 '뇌에 미치는 악영향'만이 아님을 알았다. 어떤 것이 너무 거대하면 그 실체가 다 보이지 않는 법이다. 태어나면서부터 사용하는 스마트폰은 이제 아이들에게 어쩌면 너무 거대한 어떤 것이다. 아이들이 '자아'를 만들어 가는 기억을 검색에 의존함으로서 정서가 메마른 사람으로 살아가는 일이 없기를 소망한다. 나의 학급에서 1년 동안 경험한 이 기억들이 아이들의 삶을 관통했으면 좋겠다. 고기를 베는 강한 칼은 고기 살결의 단면에 칼의 흔적을 남긴다고 한다. 기억하고 생각해 보는 경험이 아이들의 삶의 단면에 흔적을 남길 수 있는 강한 칼이 되길 바란다. 나의 수업은 읽고 이야기하고 기억하는 경험이 아이들의 '삶'에 스며든 수업이었으면 한다. 사용할 수밖에 없는 도구이기에 그 도구를 통해 삶은 검색이 아니라 연결이라는 것을 스마트폰에서 배웠으면 한다.

'하지 않음.' 그것이 삶에 도움이 되는 것들이 있다. 멀리함으로써 고요한 아타락시아를 지나는 경험의 순간이 누적되면 조금 더 오래 아파테이아의 상태에 머무를 수 있지 않을까? 하지 않아야 삶이 충만하고 고요해진다. 정신이 지배당하지 않고 휩쓸리지 않아야 스마트폰은 삶에 플러스가 된다. 그래서 스마트폰과 하루에 한 번 '이별 의식'이 필요하다. 이런 소망을 가진 교사의 당부는 이렇게 이어진다.

"얘들아, 우리 뇌는 가소성이라는 게 있단다. 아이들일수록 뇌는 더 유연해. 마치 우리 몸이 어릴수록 더 유연한 것처럼. 너희들보다 유치원생이 훨씬 더 유연할걸? 뇌는 우리가 하고자 하는 의지대로 변하고 움직이고 발달해. 스마트폰을 오래 들여다볼수록 너희들의 뇌는 변해 갈 거야. 그런 뇌를 가지게 되면 사람의 마음과 말에 공감할 수 없거든. 그런 세상에서 사는 건 너무 외롭지 않을까?"

교실이 지겨운 교사에게

삶을 생각하는 여행

무엇에 내가 압도되었던 적이 있었는가. 숨이 막혀 오는 흉통이 폐부 깊숙이 느껴지는 압도감. 알프스 그린델발트의 거대한 아이거 북벽을 마주했을 때 나는 그렇게 느꼈다. 거대하고 거대한 저 바위산이 그대로 나를 덮쳐 버릴 것 같은 순간, 나는 그대로 몸과 정신을 멈추었다. 마치 차도에 뛰어든 고양이가 거대한 속도로 달려오는 차를 보고 피하지 못하고 그대로 얼어 버리는 그 모양처럼.

나이 60이 넘은 인문학자가 히말라야로 떠나야겠다고 생각한 것은 우연히 지하철에서 본 설산의 풍경에서였다. 보름간 안나푸르나 트래킹을 통해 그가 본 것은 '삶을 다시 보기 위한 성찰'이었다. 작가의 말대로 겸손은 말과 글로 배우는 게 아니라 몸으로 느낄 때 실존의 감각으로 다시 느낄 수 있듯 이 여행은 작가가 삶을 다시 경험하는 시간이었다. 용기가 없는 사실의 각성은 공포일 뿐이라고 했던 이청준의 말처럼 용기를 가지고 자신의 삶을 각성해 보기기 위해 떠난 여행에서 카메라를 들어 올려 사진 한 장 찍는 게 여의봉 들기보다 힘들고, 단 두 시간 잠자는 것이 일상인의 수용 범위를 넘어서는 고통의 문이 열리는 일임을 5,000미터 고산에서 배웠다. 삶을 아우르는 폭넓은 글감와 문장들에 성찰이 알알이 박혀 어느 한 부분을 빼놓을 수 없이 마음에 와닿았다. 나는 거대한 자연 앞에서 멈춰 얼음이 되었던 경험에 머물렀지만, 그는 얼음처럼 단단하고도 투명하게 보이도록 삶을 성찰했다. 풍경을 읽어 내 얻는 몫은 각자가 지닌 인식 깊이가 나눈 만큼인가 보다. 이 책을 통해 비로소 내 여행이 남긴 성찰의 몫은 얼마나 가난한 것이었는지 손으로 만져졌다.

생각이 농밀하게 담겨 차갑고도 맑게 다가오는 작가의 삶에 관한 성찰은 '독서', '관용', '겸손', '사랑', '비겁함', '자연', '꿈' 등으로 담겨 있다. 그래서 좋았다. 여행을 통해 삶이 성장한다고 믿는 나에게 보약과 같은 책이었다. 나는 이 책을 통해서 진실한 여행의 의미란 더 좋은 삶을 살아 내기 위한 성찰임을 배웠다.

똑같이 히말라야를 다녀와 고군분투의 여행기를 남긴 멋진 이야기꾼 정유정 작가도 그 여행의 종국에 얻은 결론은 변화가 아니라 '내가 어떤 사람인가'를 알게 되었음을 적었다. 결국 우리가 여행을 통해서 만나는 것은 '나' 자신에 관한 거울 같은 성찰이어야 한다. 그 성찰을 돕는 것이 여행에서 만나는 풍경일 것이다. 이는 관광객의 모드로서는 당최 가닿을 수 없는 불가시, 불가청

교실이 지겨운 교사에게

의 거리에 있다. 삶을 버티어 내는 힘을 히말라야 받은 고산길에서 얻어 낸 이야기를 이렇게 적고 있다.

인간은 미지의 세상과 끊임없이 조우하며 살아왔다. 처음에 그 길은 탐험이었다. 탐험은 두려움과 경계의 길이다. 그게 익숙해지면 그 길은 여행의 길로 진화한다. 그리고 거기에 편안함이 더해지면 관광으로 퇴화한다. 히말라야가 매력적인 이유는 적어도 그 트레킹은 더 이상 모험은 아니지만 끝까지 관광으로 내몰리지 않고 의연하게 여행의 모습으로 존재할 것이기 때문이다. 처음 가는 이에게 그 길은 탐험은 아니지만 미지의 여행이다. 안나푸르나에서 걸었던 일이 늘 그 미지의 길에 겹칠 것이다. 의연하게 살아갈 힘을 얻어 간다. 그 힘이 나를 버텨 줄 것이라 믿는다. 삶이라는 긴 여정 내내. 살아갈 날들이 있기에.[12]

학교라는 일상 공간에서 교사는 모든 감정의 범주를 가진 인간에서 벗어나 어느 특정한 스펙트럼의 감정만을 낼 것을 요구받는다. 그게 교사의 역할로 인식되고 거기에서 벗어난 교사는 사회적 지탄과 비난의 대상이 되어 존재를 지탱해 주는 역할 자존감은 히말라야에서 해발 0미터의 인도양으로 추락한다. 때로는 가혹하게 떠밀려 이 역할 집단으로부터 '광탈光脫'되기도 한

---

12) 정유정, 『정유정의 히말라야 환상방황』(서울: 은행나무, 2014)

다. 그렇기에 살얼음을 걷듯 자신의 성찰하는 일상을 멈추어서는 안 된다. 작가가 '너는 무엇에 너그러웠는가, 무엇에 너그러워져야 하는가?'라고 끊임없이 스스로에게 물어야 한다고 한 것처럼.

교사로 서서 서른 명 남짓한 아이들의 각기 다른 생각과 만나고, 나도 아이들도 굽혀지지 않는 신념과 찔꺽이며 하는 감정 싸움은 매년 신물이 나도록 지겹고 괴롭다. 무슨 일이 일어났는지는 분명하게 드러났으나 '왜'는 여전히 장막 뒤에 숨어 있는 하루를 만나면 '다름으로부터 발생하는 정신의 혼란'이 쌓여 보이던 것도 흐릿해지고 왜곡되는 착란의 상태가 되곤 한다. 그러나 우리가 아무리 저항해도 어쩌지 못하는 거대한 힘 앞에 서면 결국 우리는 같은 존재라는 생각이 저절로 스며들게 한다. 용기 있는 여행을 통해 우리가 자연을 찾아야 하는 건 그 때문임을 이야기하는 대목에서 나는 거대한 아이거 북벽 아래서 나를 얼어붙게 했던 위압감을 겸손과 관용으로 바꿀 수 있었다.

내게 너무도 고마운 책이다. 책 읽는 흉내 내는 일을 하고 있었지만 자주 내 것으로 소화되지 못하는 '책읽기'였다. 작가의 말대로 '머리에서 가슴으로 이어지는 통로를 상실한 책읽기'를 해 왔는지 모른다. 책읽기란 다르게 보는 힘이다. 일상을 다르게 보고, 아이들의 말과 행동을 통해 좀 다른 수업을 구현해야 하는 것이 좋은 교사의 역할이 아닐까.

그렇게 배운 나아갈 지향점을 설정해 놓고 나를 비추어 보면 생각의 의지와 힘이 부족하고 성찰이 짧아 20년이나 같은 일을 하고서도 해마다 비슷한 오류와 실수를 또 범하고 있는 내가 부끄러워진다. 그렇게 부끄러움과 마주할 때 서가에 꽂힌 나는 이 책을 슬며시 만져 본다. 재독, 삼독하지 않아도 그냥 아무 곳이나 펼쳐 5분만 읽어도 퇴로가 보이지 않는 먹구름에 속의 교실을 걸터듬듯 걷는 내게 구름 사이로 금빛 광선을 마구 쏘아 준다. 내 정신의 돌봄을 위한 글들이 가득하다. 교사로서 나를 '돌아봄'이 필요하다고 느끼는 순간, 당신은 떠나야 한다. 거기가 히말라야든 우리 동네 뒷산이든. 배낭에 이 책 한 권 넣어서. 누가 아는가. 이 책에 압도되어 선생님이 조금 더 너그러운 교사가 되어 '하산'하게 될지.

'생각'이 삶을 그리는 도구가 되도록

새 학년 첫 국어 시간. 어느 학년이든 시로 교육과정을 시작하게 한다. 교사는 아이들이 어색하고, 아이들은 교사가 어색하다. 운동 선수 중에서도 유난히 초반에 경기력이 올라오지 않아 힘들게 시작하는 선수들이 있다. 박찬호나 류현진이 그렇다. 나도 그런 슬로 스타터에 속하는 교사다. 내 수업의 컨디션과 텐션에 흥이 오르는 때는 달큰한 꽃바람이 불 때라는 것을 알고 있다. 어색하고 뻣뻣한 숨소리에 점령당한 교실에서 왜 시작은 이 공기와 어울리지 않는 시여야 하는가. 부드러운 심미적 상상을 일상과 연결해 떠올려 주려면 아이들 앞에서 꽤 연기가 괜찮은 교사라야 하는데 새 학년, 첫 시간부터 그러기에는 몸도 마음도 말굳는다. 시작이 꼭 시여야만 하는지 달구치는 물음에 마음이 시달렸지만 답은 멀리 있어 보이지 않았기에 시로 수업해야 하는 새 학년 첫 국어 시간이 유난히 시틋했다.

시를 좋아하지 않은 것은 아니지만 시를 수업하는 일은 좋지 않았다. 시에 담긴 그 압축된 언어를 아이들의 눈높이로 설명하기가 굉장히 어려웠기 때문이다. 아니, 솔직히 그것을 설명할 방법이 전혀 몰랐다. 그러나 지금은 안다. 아이들에게 주어야 할 경험은 시인의 문장력이 아니라 일상의 경험을 언어로 표현해 낼 수 있도록 생각의 도구를 사용하는 경험이라는 것을.

아이들과 1년의 생활 약속을 세우고, 공감과 협력이라는 우리 반이 지향할 가치의 중요성에 대해 이야기 나눈 일주일이 지나면 나는 첫 국어 시간을 기다린다. 어떤 시는 보는 순간 그 자리에 서서 평평 나를 울게 했다는 나의 경험이 담긴 이야기와 함께 어떤 시로 시작하면 좋을까 이리저리 시를 찾아보고, 우리 반 1인 1역에서 동시를 맡은 아이에게는 일주일에 동시 한 편, 시상을 상상할 수 있는 일상이 담겨 있는 시를 골라오면 좋겠다는 말도 빼 먹지 않는 교사로 변신했다. 나희덕의 「저녁을 위하여」에서 내가 아이를 키울 때 이야기를 해 주고, 정호승의 「산낙지를 위하여」에서는 산낙지를 직접 손질해서 먹은 뒤 심한 복통을 앓은 이야기를 꺼낸다. 장석주의 「대추 한 알」에서는 '경험의 단층이 그 사람이 누구인지를 말해 주는 지표가 되지 않을까'라는 질문을 던진다. 이렇게 시에 대한 생각의 변화에 닿게 해 준 책이 바로 『생각의 시대』다.

이 책은 생각을 위한 도구에 관한 책이다. 『생각의 탄생』이라는 유명한 책이 있지만 이 책은 소크라테스 이전의 고대 그리스인들이 어떻게 생각을 통한 위대한 문명을 이루었는가에 관한 책이다. 『생각의 시대』에서 말하는 생각을 위한 방법은 '은유: 메타포라', '원리: 아르케', '문장 : 로고스', '아리스모스: 수', '수사: 레토리케'다. 이 여섯 가지 생각의 도구를 통해 고대 그리스인들은 오늘날 우리가 숨 쉬듯 생각하는, 의식하지도 못하는 사이에 우리가 하고 있는 생각의 원리들을 만들어 냈다. 지금의 세상은 지식의 시대가 아닌 생각의 시대라는 것을 알면서도 우리는 그런 생각의 도구들을 아이들에게 '직접 교수법'으로 가르치지 않았다.

지식의 탄생은 포유류 수준의 생각인 1차적 의식이 아닌 1차적 의식을 바탕으로 생겨나는 2차적 의식인 사고에 의해 생겨나며 이는 언어와 기호를 통해 일어난다. 즉 언어적 사고에 의해 형성되는 고차적 의식이 없다면 우리는 1차적 사고 수준의 포유류와 별반 다를 게 없는 존재로 살게 된다. 이런 지식 대응 능력이 동물보다 생존에 약한 조건을 가지고 태어난 인간을 매머드보다 지구에 오래 살아남을 수 있도록 했다. 언어가 사고를 지배할 수 있고 언어와 사고는 서로 영향을 줄 수도 있다. 정신은 언어를 통한 범주화에 의해서 태어나고, 유발 하라리가 말한 사피엔스 인류가 살아남도록 한 신화는 언어로 태어나야만 공동체를 결속시키고 구성하고 유지한다.

『생각의 시대』에서 특히 나를 사로잡은 생각의 도구는 은유였다. 은유는 서로 다른 것들 사이에서 유사성과 그 안에 숨은 본

질적 특성을 찾아내 비교함으로써 비유사성을 통해서 표현해 내는 창의적 사고의 원천이 된다. 그래서 아이들에게 시를 읽고 암송하게 함으로써 은유적 사고를 가르칠 수 있다. 범주화도 은유적 사고를 통해서 일어난다. 서로 다른 사물의 유사성을 재빨리 간파할 수 있는 능력, 우리는 아이들에게 어릴 적부터 이런 능력을 길러 주어야 한다.

우리가 시를 읽고, 낭송하고, 외운다는 것은 단순히 감성적 취향을 고양시키는 일이 아니다. 우리의 뇌 안에 은유를 창출하는 뇌신경망을 새롭게 구축하는 작업이다. 누구든 시를 자주 낭송하고 모두 외우고 나면 그 안에 아리스토텔레스가 '천재의 표상'으로 지목한 은유적 사고를 할 수 있는 신경망이 형성된다. (…) 말과 글의 표현력이 달라지고 설득력이 높아진다.[13)

읽기와 쓰기는 아이들의 정신에 영향을 준다. 그래서 좋은 문장을 읽어 주고, 낭독하고 베껴 쓰는 일은 반드시 이루어져야 할 필수 교육이다. 정신이 문장을 만드는 것이 아니라 문장이 정신을 만든다. "경험에 합당한 언어를 부여하지 않으면 그 경험은 사라지게 된다. 자신의 독특한 경험에 맞는 섬세한 언어로 자신의 경험을 포착하지 않는 한, 그 경험은 사라지고, 그만큼 자신의

---

13) 김용규, 『생각의 시대』(파주: 살림, 2014)

삶도 망실된다."라고 김영민은 『공부란 무엇인가』에서 적었다. 즉 문장을 통해 자신의 경험에 언어를 부여하는 것이 공부라는 말이다.

『탁월한 사유의 시선』에서 철학자 최진석은 "'연결'과 '은유'를 통해서 인간은 자신의 세계를 전략적으로 확장할 수 있습니다. 확장이 개시되도록 꿈을 꾸는 일을 상상이라고 하고, 확장이 전개되는 일을 창의라고 하며, 확장의 결과를 창조라고 합니다. 그래서 인간 가운데 가장 탁월한 인간은 은유하는 인간일 수밖에 없습니다."라고 했다. 은유적 사고가 있는 수업에서 일상의 여러 경험을 비틀고 유사성을 발견해 확장된 의미를 상상하고 창의가 담긴 창조의 언어로 꾸며 낼 수 있어야 한다.

대개 아이들은 기억과 일상을 뭉뚱그려서 표현한다. 주말나누기 활동, 방학에 있었던 일 소개하기에서 3박 4일 여행을 1분으로 뭉뚱그려 말하는 신박한 능력을 보인다. 이런 아이들에게 비유하고, 경험을 대상과 연결하는 은유적 표현이 담긴 시와 문장을 보여 주며 일상을 은유적으로 표현하는 글쓰기를 시간을 통해 한 아이는 자신의 1박 2일 동해 여행을 A4 3장이 넘는 분량으로 그려 냈다. 덕분에 우리 반 문집이 아주 뚱뚱해졌다. 나는 아이들이 그려 낸 자신의 일상에 은유와 비유가 들어간 어떤 시의 한 문장에 멈춰 서서 「놀람」 교향곡보다 더 큰 탁월한 창조에 '감탄'을 표시한다 "선생님은 결코 이런 멋진 비유와 표현을 하지 못했을 거야. 이건 너만 할 수 있는 표현이구나."라고.

교실이 지겨운 교사에게

일상을 섬세하게 구분할 수 있어야 한다. 대부분의 작가들과 어떤 분야의 전문가들이 그러하다. 그들이 만들어 내는 소설과 드라마, 영화, 연구성과를 보며 감탄한다. 어쩌면 이토록이나 삶을 섬세하게 포착하고 구분해 그려 낼 수 있는지. '작가는 역시 다르구나.' 하게 된다. 아이들도 자신의 삶에서 일어나는 일을 섬세하게 언어로 구분할 수 있어야 한다. 우연과 불안을 제거한 '신의 영역'을 꿈꾸는 호모데우스 인류가 지배하는 시대가 오기 전까지 우리는 더 강하고 복잡하게 연결된 '이별 없는 시대'를 살지만 어떤 문장 하나, 사진 한 장, 카톡 한 번에 그 연결은 거미줄보다 쉽게 끊어진다.

이런 관계의 상실에 대비할 생각의 도구를 가르치는 것이 필요하다. 교실에서 교사가 가르치지 않으면 경험은 사라지고 삶이 망실 된다고 하지 않나. 인간은 경험을 편집하고 기억하는 존재다. 사건과 시간의 결합인 기억의 존재가 자아다. 정확하고 아름다운 언어로 편집된 '자아상'이 필요하다. 생각과 사고의 도구를 잘 다듬어 불행과 상실과 실패를 해석하는 나만의 훌륭한 생존 방식으로서의 생각의 도구가 필요하다. 그런 생각의 도구가 있어야 행복을 빼앗기지 않을 수 있다.

그래서 시를 읽고, 쓰고, 낭송하며 눈감고 외워 본다. 새 학년 첫 국어 시간부터.

이야기보따리 채워 출근하기

"오늘 창체 시간에 뭐 하지?"

"교과 진도 거의 다 끝나가는데 뭐 하지?"

"너무 수업하기 싫다. 뭐 좀 재밌는 거 하고 싶은데 뭐 하지?"

"더워서 그런가, 애들이 의욕도 없고 집중력도 낮아서 수업이 안 되는데 뭐 하지?"

교사의 이런 걱정은 '오늘 뭐 해 먹지?'라는 전 국민의 삼시세끼 걱정과 닮았다. 인터넷에서 '오늘의 밥상' 레시피를 찾아 밥걱정을 해결하는 것처럼 교사도 교사 커뮤니티나 카페, 블로그 등에서 수업을 재미있게 만들어 줄 재료와 레시피를 찾는다. 그 경험들이 모이면 교사들도 재미있는 수업 삼시 세끼 걱정에 대비할 수 있는 나만의 루틴이 만들어진다. 유명한 블로거 인플루언서나 요리사나 작가 등 어떤 분야에서 일가를 이룬 사람들은 자신만의 비법이 있듯 교사들도 자신의 교실에서 내놓는 비책 하나쯤은 가지고 있는 것이다.

나에게 그 비법은 이야기 들려주기다. 앞 장(여행과 수업을 '이야기'로 '연결'하기)에서 이야기의 힘을 말했다. 아이들이 이야기를 들을 때 그 반짝반짝 집중하는 눈빛과 고요의 바다 같은 교실은 숨소리조차도 존재를 숨긴다. 수업이 지루해질 때는 과학 이야기로, 비 오고 흐린 날은 역사 속 전설 이야기로, 아이들이 낮은 집중력을 보이는 날엔 미술 이야기로 이야기를 만들어 낸다. 아이들의 호흡이 정점에 다다랐을 때 나는 악마의 편집을 무람없이 자행하는 PD가 된다. "오늘은 여기까지." 하고 냉정하게 칠판 뒤로 돌아선다.

교실에 뒤집어지는 순간이다. 아이들은 책상을 주먹으로 치고, 발은 교실을 쿵쿵 구르고, 목소리는 원망의 야유를 최대치로 담아서 내는데도 오히려 읍소로 들린다. "아— 선생님. 제발요. 제발. 제발. 조금만 더.", "저희가 잘할게요. 다음 시간에 또 해 줘요. 네? 네네? 제발요—" 나는 그 순간이 너무 짜릿하다. 속으로는 '오늘 이야기도 성공'이라면서 혼자 키득키득하다가 너무 웃음이 터질 것 같으면 슬며시 교실을 나와 연구실에 앉아 다 먹지 못하고 남겨 둔 있던 웃음을 마저 맛있게 소화시킨다.

이 즐거운 이야기 놀이의 원천은 책이다. 비워낸 만큼 채워야 하기에 이야기보따리가 텅 비지 않도록 곳간 채우듯 채워 나가기는 내 '책읽기'의 한 목적이기도 하다. 얼마나 많은 재미난 책들이 있겠냐마는 가장 든든하고 영양가 있는 이야기로 채워 준 책은 빌 브라이슨『거의 모든 것의 역사』와 양정무 선생님의『난생처음 한번 공부하는 미술 이야기』시리즈였다(물론 재미있는 이야기가 담긴 미술책은 그야말로 차고 넘친다, 시대를 훔친 미술이나 화가의 마지막 그림 등등 너무 많아서 다 열거하기 어렵다).

유발 하라리의『사피엔스』시리즈를 읽으면서도 그랬지만 빌 브라이슨 이 사람이 가진 지식에 감탄했다. 사람의 사고 범위가 이렇게 넓고 깊을 수 있다는 것을. 읽으면서 너무도 방대하고 해박한 지식에 내 존재가 압도되었다. 한 사람이 어떻게 이런 방대한 양의 지식을 알고 그걸 글로 풀어 담을 수 있을까 싶은(빌 브라이슨의 글은 과학뿐만 아니라 에세이 여행 등등 영역을 가리지 않는다). 유발 하라리나 버트런트 러셀은 한 흐름을 관통하는 어떤 분야로 모아지는 쪽에 깊은 사유와 지식을 보이지만 빌 브라이슨은 그야말로 인간 능력치의 한계를 확장하지 않았을까 '이걸 다 언제 조사하고 읽고 글로 쓸 수 있지?' 싶다. 방대하다는 표현으로는 모자랄 만큼 광범위한 우주, 물리, 지구과학, 화학, 생물의 연구 분야의 뼈대를 이루는 지식에 더해 그 연구의 시작과 기원을 역사의 그릇에 담아 이야기로 재미있게 풀어낸다. 과학 영역의 책을 읽으면서 '삶이라는 게 과연 무얼까?'라고 묻는 철학의 영역으로 나를 넘겨 주었다.

우리가 아는 인류의 조상 뼈는 그 숫자를 다 해 봐야 5,000명 내

외이며 그 5,000명의 흔적을 가지고 몇백만 년의 시간을 다루고 있다. DNA의 70퍼센트 이상은 아무 일도 하지 않고 그저 복제만 한다. 아인슈타인이야말로 양자 역학을 가장 싫어했던 사람이었다. 하루에 대개 3만 번 이상의 번개가 지구 곳곳에서 치며 그 순간 공기는 태양보다 세 배 뜨거워진다. 코로나뿐만 아니라 독감의 경우도 10퍼센트 정도는 무증상으로 걸린 지도 모르고 넘어간다. 스페인 독감의 가장 많은 희생자는 놀랍게도 20~30대였다. 지구의 나이를 최초로 측정해 낸 사람은 청소부였다. 우리가 알고 있는 탄소동위원소 분석법의 시작은 납에서 출발했다.[14]

위 지식들은 『거의 모든 것의 역사』의 아무 데나 펴서 밑줄 친 부분에서 꺼낸 이야기들이다. 이 얼마나 재밌고 놀라운가. 그냥 아무 데나 펼치고 아무 페이지부터 읽어도 재미가 있고 빠져들게 된다.

아시시와 파도바의 조토 그림 이야기를 타고 중세를 떠나 르네상스로 향한다. 카라바조와 미켈란젤로, 다빈치를 거친 피렌체의 르네상스 미술 이야기는 마사초의 성 삼위일체 그림을 처음 본 피렌체 사람들의 충격을 내가 처음 보았던 3D, 4D, AR, VR 영화 경험으로 연결시킨다. 키 170센티미터이 안 되는 내가 그 충격을 제대로 흡수할 수 있을지는 모르겠지만. 르네상스 미

---

14) 빌 브라이슨, 『거의 모든 것의 역사』, 이덕환 옮김 (서울: 까치글방, 2003)

술은 자본과 결합한 베네치아로, 다시 독일의 뒤러가 꽃피운 도시 뉘른베르크의 그림 인쇄술 이야기, 네덜란드의 북유럽 사람들이 일궈낸 또 다른 형식의 삶과 역사가 담긴 그림 이야기보따리로 이어진다. 그 보따리 안에는 얀 반에이크의 우유 따르는 하녀도 들어 있고 렘브란트의 「돌아온 탕자」 안에는 형제의 질투도 들어 있다. 물론 이 과정에서 메디치 가문이 손으로 밥을 먹던 프랑스 식사 문화에 미친 영향도 전 유럽에서 일어난 종교와 권력의 갈등으로 피어난 전쟁의 역사를 만든 합스부르크 가문의 이야기도 교사는 빼놓을 수가 없다.

플랑드르의 브뤼헤, 안트베르펜, 헨트에서의 미술은 초기 자본주의 시대의 역사와 함께한다. 그리고 울트라마린의 고귀한 진푸른 물감과 재료의 역사 이야기는 미술 시간 물감을 쓰는 학생이 그 시절의 화가가 되어 보는 시간으로 이끌어 간다. 제단화 이야기에서는 루벤스를 통해 파트라슈와 네로를 만날 수 있다. 미술 이야기들은 음악 시간에 이승환의 노래 「프란다스의 개」를 불러 보는 것으로 이어진다. 반종교개혁이 만들어 낸 바로크 미술, 프랑스 혁명으로 이어진 로코코 미술에서 격동기의 사람들 이야기와 독일과 이탈리아의 통일 과정, 나치즘까지 유럽 세계사에서 펼쳐진 동맹과 분열의 이야기를 아이들에게 해 줄 수 있다. 근대 전쟁에서는 고야와 다비드를 통해 권력이 가진 여러 성질을 말할 수 있다. 이후 우리가 너무 잘 아는 사실주의와 인상주의로 이어지는 화가들의 그림과 삶은 교사의 이야깃거리를 풍성하게 하고 아이들에게 재미로서도 매력적이다.

우리는 어릴 적에 부모나 조부모나 선생님에게 옛날이야기를 들었던 기억이 있다. "옛날— 옛날에 말이지—"로 시작하는 이야기들이다. 요즘 아이들도 그런 이야기를 듣고 자랄 수 있을까. 나는 이랬으면 좋겠다. 이 책들 한 챕터씩을 잘 읽고 이야기로 만들어서 일주일에 한 번, 하나씩을 들려주는 것이다. 긴 챕터의 이야기들은 두 번에 걸쳐 나누어도 좋겠다. 이야기의 흥미 진지함을 위해서 과학적 사실을 과장이나 거짓으로 만드는 범위가 아니라면 이야기 구성에 약간의 MSG를 가미해서 아이들에게 들려주는 것이다. 아이들은 과학실험에서 나름의 조작과 탐구 경험으로 흥미를 느끼긴 하지만 그것이 역사의 시대를 사는 인간 존재의 삶이라는 깊이와 범주가 확대된 질문으로 이어지게 하는 가장 좋은 수단은 아니라고 여긴다. 대개 불운한 시간과 불행한 마지막을 살았던 화가와 과학자들의 삶을 재미이게 이야기해 줄 수 있는 사람이 교사여야 한다. 아이들에게 유튜브 알고리즘이 이런 이야기들 추천해 줄 가능성은 내가 한 번도 된 적 없는 로또 3~4등에 당첨될 확률만큼이나 될까?

유튜브를 보게 하는 대신 교사가 이 책에 담긴 이야기들을 어릴 적 우리들 할머니처럼 들려주는 교사가 되어 보자. 비밀 주머니에서 하나씩 꺼내 이야기보따리를 풀어내는 것이다. 솜씨가 좋아 듣는 이를 웃고 울리던 그 옛날의 이야기꾼 변사처럼 말이지. 어느 나른한 오후, 지루한 표정의 아이들이 따분해할라치면

"지난번에 카라바조가 사람을 죽이고 도망쳤다고 했지. 어디로 도망쳤는지 이어서 해 줄까?"라고 하면 아이들은 수업의 지겨움을 깨고 나와 이야기해 달라고 졸라댈 것이다.

이 재미난 책들은 읽으면서 기억하고 싶은 부분에만 밑줄 그어도 연필 한 자루의 절반이 닳아 없어지게 한다. 필요할 만큼 가득한 이야깃거리가 넘치는 이 책이라면 1년 내내 마르지 않는 교사의 이야깃주머니 곳간이 충분히 될 수 있다. 과학과 역사와 예술이 걸어온 시간에 관한 이야기는 종국에 인간 존재와 삶이 무엇일까 하는 물음에 가닿도록 할 수 있을 것 같다. 나의 재미난 이야기를 듣고 자라난 아이들이라면, 어쩌면 이 아이들은 자기를 찾는 일에 좀 더 가까워지지 않을까? 옛날이야기나 이솝우화도 결국은 인간의 삶과 맞닿은 것이 아닌가. 의미 없는 자신의 지워진 존재를 찾기 위해 찾는 게임과 유튜브에서 벗어나 솔깃한 우주와 과학과 그림에 담긴 인간의 이야기로 아이들을 데리고 갈 수 있는 이 멋진 책들을 통해 이야기보따리가 가득 채워지면 아이들에게 또 어떤 앎의 즐거움이 있는 재미난 교실을 만들어 줄 수 있을까 하는 생각에 여행 가는 날 아침처럼 출근길이 설렌다. 니체가 주문한 대로 오늘 나의 이야기보따리는 아이들에게 어떤 기쁨을 줄 수 있을지 떠올려 본다.

지적 '밑 장 빼기' 하지 않기 위해

"야! 우리 선생님은 고기를 안 드시잖아."
"진짜? 왜?"

고기류의 반찬이 배식판에 담아지면 평소 급식에서 제공되는 고기양에 목말라하는 아이들 옆자리에 주로 앉는다. 아이들이 가장 좋아하는 것은 닭다리나 날개, 수육이다. 젓가락으로 집어 그 아이들 급식판에 살포시 얹어 준다. 아이의 표정이 '왜 이걸 나에게…' 하면서도 좋아한다. 그러면 옆 자리에서 보던 아이가 내가 고기를 건네준 아이에게 하는 말이다. 내가 이렇게 한다는 걸 어느 정도 시간이 지나 알게 되는 5월쯤이면 고기에 마음이 급한 아이들은 내 급식판을 향해 바람보다 빠른 속도의 젓가락 들이밀기 신공을 보인다. 금메달을 향해 질주하는 쇼트트랙 결승점에서의 치열한 날 들이밀기 기술과 닮았다.

채식주의를 말하려는 것이 아니다. 나는 고기를 굉장히 덜 먹는 사람이지 채식주의자가 아니다. 고기로 쓰이는 여러 종의 고기의 종에 따른 차별이 없어야 한다는 평등주의도 아니다. 육식이 가져오는 환경 기후 위기를 말하는 것은 조금 더 다음에 논하고 싶은 문제다. 단지 우리가 좋아하는 먹거리인 고기가 우리에게 오는 과정을 들여다 보았으면 한다. 아래와 같은 이야기들이다.

"쩔뚝거리는 놈들은 냉장고 집어 넣을 때 다 죽여서 넣어야 해. 안 그럼 그 안에서 막 돌아다니니까."
"아. 아직도 안 넣고 뭐 하고 있어?"
"아직 살아 있는데요."
"아. 누가 몰라. 그냥 집어넣고 위에 무거운 거 아무거나 올려 두고 와." 문을 닫고 돌아섰다. 냉동실에서 삐약 대는 소리가 울리고 있었다.

자돈을 죽이는 방법은 도태라는 표현이 거창하게 느껴질만큼 단순했다. 다리를 잡아 들어올려서 패대기치면 끝이었다. 그리고는 발로 툭 쳐서 배수로에 빠뜨렸는데 이렇게 한다고 돼지가 죽지는 않는다. 아무리 작고 연약한 돼지라고 해도 일격에 죽지 않았다. 입과 코로 피를 쏟아 내고 발버둥을 치면서도. 돼지의 숨이 끊어지는 건 분뇨장에 버려지고 추위와 허기 속에서 몇 시간을 보낸 다음이었다.

　"개는 원래 이렇게 죽이나요?"

　"우리처럼 하는 데도 있고 전기로 하는 데도 있고. 요즘엔 전기로 많이 하지. 그게 덜 힘드니까."

　"하지만 이건 너무 잔인하잖아요?"

　"야 너 이게 잔인하다 더럽다 그런 선입견을 버려야 돼. 음식이라고 생각을 해야지. 돈 벌려면 어쩔 수 없잖아."

　"남들처럼 해서는 따라갈 수가 없어." 그는 철근으로 개의 머리를 찔렀다. 개는 본능에 따라 자신을 공격하는 막대기를 물었다. 그걸로 모든 게 끝이었다. 비명도 스파크도 없었다…. 전기가 아니라 주변의 공기가 개를 죽인 것 같았다. 죽음에 이르자 개는 오줌을 쌌고 입에서 피가 조금 흘러 내렸다. 얼마나 시간이 걸렸는지는 모르겠지만 오래 걸리지는 않았다. 더 끔찍했던 건 자기 차례를 기다리고 있던 두 번째 개를 보고 있는 것이었다.[15]

　이 모든 것을 몸으로 직접 겪고 그걸 글로 써낸 남자가 있다. 한승태. 나는 그가 어떤 사람인지 잘 모른다. 정보를 찾아보니 그가 전문 탐사나 사회 고발 같은 직업이 있는 것도 아니다. 하

---

15)　한승태, 『고기로 태어나서』(서울: 시대의창, 2018)

지만 직접 몸으로 겪고 그려 내는 이 어떤 죽임에 대한 이야기는 생생하다 못해 뇌 속을 못으로 긁어 대는 듯했다. 눈앞에서 똥물이 튀고 전기로 돼지를 지지고 구더기 끓는 잔반을 갈아 만든 암갈색 죽을 떠다 넣고 똥통에 산 채로 돼지가 묻히고 해체되는 장면들이 고스란히 4D 화면처럼 보였기 때문이다.

이 책은 그런 장면의 연속이다. 처음부터 끝까지 인도주의적 성향을 가진 인간의 일면에 대해서는 한 조각도 넣어두지 않았다. 그래서 이 책을 읽다가 몇 번이나 끄헉. 으악. 하면서 책읽기를 멈추고 눈을 감았다. 멈추지 않으면 토할 것 같았다. 이 끔찍한 장면에 보통의 '읽기'라는 행위를 대입한, 풍경을 유람하는 사람처럼 종이쪽을 넘겨버릴 수 없었다. 이 농장에서 일할 수밖에 없는 사람들의 삶을 그려 내는 어떤 표현에서 웃음을 터뜨리는 나를 볼 때는 죄책감마저 들게 했다. 이전에 『돼지가 사는 공장』이라는 책을 통해 공장식 축산의 문제를 알고 있기는 했어도 그 책은 이렇게까지 나를 변화시키지는 않았다.

이 실상을 글로 쓰기 위해 한승태는 전국에 산재한 생지옥의 현장을 잠입해 자발적 '축산 노동자'가 되었다. 이런 일할 사람으로 안 보인다는 농장주의 의심을 사긴 했지만. 종래에는 그 지옥 같은 현장에서 자신이 학대를 하고 있는지, 인도주의자인지 정체성마저 흐려졌음을 이야기한다. 책 서문에 이런 말이 나온다. 통계로 보이지 않는 것. 숫자에 사회의 현실을 대변하는 자격을 부여하기 위해서는 클로즈업해서 그 숫자들의 실체를 직접 확인하고 냄새를 맡아 볼 의무가 있고 그래야만 통계 수치가 지적인 밑 장 빼기를 넘어설 수 있지 않겠냐고. 작가 스스로 경험하지 못한 것, 머리로 그럴 것 같아서 써내는 것은 위선이고 가짜가 될 공산이 높은 것이다. 그러기에 그 스스로 참혹함의 가해자가 되어 온몸으로 고통을 겪어 냈다.

작가는 이 음식 생산자들의 꿈이 궁금했단다. 동물의 죽음으로 얻기를 바라는 그들의 소망은 대개 작은 건물주였다. 어떤 생명의 죽음과 죽임으로써 평생 일 안 하고 내 일신의 평안을 추구할 수 있는 것. 그들의 꿈은 강자들이 약자들을 향해 실행한 전쟁과 무엇이 다른가. 이런 농장주에게는 자신과 같은 종種인 인간마저도 그가 꿈꾸는 소박한(?) 소망을 이루는 날까지는 장애물로 취급된다. 내 돈을 갉아먹는 장애물. 그래서 이들은 썩은 닭발을 파는 공장에서 사료용 소시지를 얻어다 태국인 노동자들에게 반찬으로 제공한다. 그걸 개한테도 준다. 참 평등한 사고를 가졌다. "과연 생명은 정말로 소중한 것일까?"라고 묻고 있던 호모데우스의 한 부분이 떠오른다.

아이들과 우리가 먹는 '공장식 축산'으로 길러진 먹거리 고기에 관해서 이야기한다. 우리가 축산을 통해서 고기를 먹는다는 행위의 옳고 그름을 이야기하자는 게 아니라 길러지는 과정에서의 '잔혹성'에 대한 이야기다. 사실 이런 이야기는 아이들의 정서에 치명적 타격을 줄 수 있어서 유튜브에 떠다니는 끔찍함을 소재로 돈을 벌려는 그런 영상은 보여 주지 않는다. 교사가 풀어내는 이야기의 힘을 믿기에 동물들의 고통에 가서 닿을 수 있도록 찬찬히 설명을 한다. 우리의 입맛에 맛있게 들어오는 것들이 길러지는 과정에 대해서 조곤조곤 풀어 본다. 나의 생각의 펼침이 강요가 되지 않고 편향된 모습만 보여 주지 않도록 의식의 주의를 기울여가며 책에서 보고 들은 것을 이야기한다. 먹느냐 안 먹느냐의 찬반 토론도 아니고, 생업으로서의 축산이라는 측면에서의 설명도 물론 빼놓지 않는다.

선생님이 왜 굳이 급식에 나오는 고기를 거의 먹지 않는지. "선생님은 이런 이유로 가급적이면 고기를 먹지 않으려고 해. 너희들은 어떠니?"라는 물음에 제 각양각색의 대답이 나온다. 그 한 대답 대답 놓치지 않고 듣고 생각을 물어본다. 많은 아이들이 '너무 잔인하고 끔찍하다'는 것에 동의한다. 어떤 아이들은 자신은 앞으로 절대 고기를 먹지 않겠다고 하고, 그래도 고기는 너무 맛있기에 포기할 수 없다고도 한다. 모두 그럴 수 있는 대답이다. 나도 아이들도 저 끔찍한 죽임에 현장에 서 본 적이 없기에 우리는 실상 이 교실에서 어떤 입장을 가진 누구도 비난해서는 안 된다.

다만 알았으면 한다. 우리에게 거의 매일 제공되는 이 '고기'라는 것들이 대개 어떻게 길러져서 내 앞에 나타나는지. 그리고 내가 너무 쉽게 남기고 버리는 음식은 어떤 과정을 거쳐 다시 누구에게 어떻게 돌아가는지. 우리가 그렇게 하라고 시키지 않았지만 경험하기 어려운 끔찍함에서부터 우리가 먹는 것들이 만들어

교실이 지겨운 교사에게

져 나와 닿고 있음을.

　강제하지 않지만 어떤 날은 급식실로 출발하는 교실 앞에서 '고기를 받지 않아 보기', '반찬 안 남기고 다 먹기'를 해 보라고 한다. 육식의 종말과 자원의 낭비라는 도구적 측면에서가 아니라 인도주의적 차원에서 실천해 보는 것이다. 내가 남기지 않으면 조금 더 깨끗한 음식을 먹는 동물이 생긴다고. 나와 아이들이 할 수 있는 몸의 경험이다. 교사가 하는 '생명 윤리'와 '환경' 교육을 지적 행위에 밑 장 빼기처럼 할 수는 없지 않은가. 그래서 몸이 경험한 이 책 『고기로 태어나서』를 읽었으면 한다. 이런 수업을 한 날 급식 시간이면 몇몇 아이들이 나를 따라와 앉아서 배식판을 보여 주며 "고기 안 받았어요."라고 말한다. 그럼 또 어떤 아이들은 "나 줘! 나!" 한다. 그 소리가 참 또렷하게 들린다. 그러나 그럴 수 있다. 그래도 괜찮다.

내 중심이 단단히 설 수 있도록

"방학 때도 월급 나오고 얼마나 좋냐. 니 동생 봐라. 밤낮으로 근무하고 힘들잖냐. 너는 편케 사는 줄 알어. 선생이 제일 안정된 좋은 직업이야."

방학 때 한 번씩 본가에 내려가면 엄마가 인사처럼 하는 말이다. 만나면 반갑다고 뽀뽀뽀, 헤어질 때 또 만나요 뽀뽀뽀도 아닌데 들어설 때 한 번, 나설 때 한 번. 반복하는 "안녕하세요.", "안녕히 계세요." 하는 인사처럼 하신다. 딱히 항변하거나 대들지 않는다. 그래봐야 내 입만 아프다. 한두 해도 아니고 벌써 학교에 근무한 지 20년이 넘었으니 이건 누가 와도 못 바꾼다. 통계 자료가 없어서 모르겠지만 대중 여론 역시 교사에 대해 우리 엄마의 생각과 더 많이 가까울 것이다. 자아의 것인지 타자의 것인지 소유 구분이 모호한 그 욕망을 따라 많은 젊음들이 안정을 향해 '임용' 고시에 꽃 같은 청춘을 몇 년씩 걸고 있지 않은가. 어쩌다 임용 시험 감독을 가 보면 겨울 매화처럼 예쁜 청춘들이 일 년 내내 뒤집어쓰고 살았을 불안을 냇내 없이 부려 초조해진 눈빛과 표정에 숨이 막혔다. 연민의 화학반응으로 생성된 안스러움을 옷에 달린 모든 주머니에 숨겨 넣어도 흐르고 새어 나올 것 같아 마지막 시험시간까지 냉정하게 서 있기 힘들었다.

그러나 아이러니하게도 교사 집단은 일상에서 불안을 안고 산다. 이 나라에서 가장 많이 욕을 먹는 집단하면 '공무원'일 것이다. 집단으로서의 공무원을 호의적으로 대하는 뉴스나 댓글을 본 적이 없다. 공무원 중에서도 힘이 없는 집단이 '교사'다. 가장 정치적으로 쉽게 좌우되고 정권이 바뀔때마다 바뀌는 교육정책과 교육과정으로 몇 년에 한 번씩은 학교 현장은 혼란을 겪는다. 새로운 바뀐 생기부 기재 요령에 적응되고 익숙해질라치면 또 바꾼다. 매년 새로 바뀌는 각종 위원회 규정과 메뉴얼을 다 알려면 공문을 싸 들고 스터디 카페라도 가야 할 지경이다. 그럼에도 가장 바뀌지 않는 무사안일의 표본이자 전 국민의 욕받이 집단이 또 '교사'다. 삼성이나 현대를 욕할지언정 삼성과 현대에 다니는 사람을 욕하는 걸 들어 본 적이 별로 없는데 유독 교사는 그 집단에 속했다는 이유만으로 험담의 대상이 된다. 그런 욕을 듣는 게 싫어서 신분을 숨기는 교사도 적지 않다.

다른 공무원 직종과 마찬가지로 학교도 가히 민원천국이다. '민원 없는 학교 = 좋은 학교'라는 등식이 성립될 정도니까. 일전에 근무했던 학교에서는 교감선생님이 악성 민원인 학부모에게 시달리다가 결국 코피가 터지고 생니가 빠져나갈 정도였다. 같이 근무한 적이 있는 심성이 너무나 유약했던 한 선생님은 학부모 민원으로 자살을 택했다. 이름과 얼굴을 알고 딱 한 번 회의 때 이야기 몇 마디 해 본 게 전부였던 인연이었지만 그 소식을 들었을 때 가슴이 철렁 내려앉아 하루 내내 우울했다. 이런 민원인들이 하는 가장 큰 착각이 학생으로서만 경험한 오래전의 학교가 전부이면서, 학교에서 어른과 교사로 살아 보지 않았으면서, 마치 학교와 교실을 다 안다고 믿는 것이다. '학교가 이러면 안 되는 거잖아, 선생이 이러면 되겠어.' 하는 식으로 존재의 정체성 내면에 불안을 물들인다.

불안은 삶을 잘 살게 한다. 가장 작은 단위인 원자의 파동이 있어야 물질에 에너지가 생긴다. 흔들림이라는 파동이 있기에 우리는 안정을 찾기 위해 노력한다. 서은국은 『행복의 기원』에서 행복감 역시 하나의 진화론적 관점에서 우리의 존재를 유지하기 위해 만들어 내는 감정이라고 했다(삶의 의미론에서 행복을 찾는 다른 관점의 연구자도 있다). 우리가 잘 알고 배웠듯 프로이트는 불안의 리비도가 생의 근원 에너지가 된다고 했다. 교사들은 열심히 산다. 내 수업과 학급 운영에 자신감이 없을 때 더 열심히 산다. 자료도 찾고, 연수도 듣고, 아이들과의 일상도 기록하고 수업 연구를 위한 회의에도 열정이 있다. 방학 때도 인디스쿨에는 새로운 수업 자료들과 질문이 쉴 새 없이 올라온다. 학교 업

교실이 지겨운 교사에게

무에서도 공백이나 구멍이 생기지 않도록 친절하게 두 번 세 번 메신저를 보낸다. 대개의 교사들은 이렇게 성실하다.

그러나 과해질 때는 무엇이든 문제가 되고 불안도 그 임계점을 넘어서면 삶의 장애가 된다. 어떤 존재든 한계치를 넘는 불안이 달가울 리 없고 그런 흔들림 속에서는 삶을 대하는 보드라움이 사라지고 사람을 향한 태도는 더 까칠하고 질겨진다. 때로 '불안'에서 벗어나고 싶어 손톱이 으스러지고 피가 나도록 깨무는 자학과 가학의 경계를 넘나든다. 성실한 축구선수의 아이콘 박지성조차 네덜란드 최고 명문팀에서 뛸 때 자기에게 공이 오는 것이 두려웠다고 고백한 것처럼 교사에게 주어진 본연인 수업과 학급 운영도 그 성실의 정도와 관계 없이 내면의 자아와 외부의 타자가 던지는 불안이 결합해 오면 두렵다. 아이들 사이의 갈등, 학부모의 민원이 생기면 모두 무능력한 내 탓으로 느껴지고 교실에 출근하는 것이 두렵다. 불안한 교사는 아이들에게 공감을 보여 줄 수 없고 공감의 경험을 받지 못한 아이들이 다른 아이들에게 공감을 표시할 수 없다.

"굶어 죽지 않고, 감옥에 가지 않을 정도로만 여론을 존중하면 된다."라는 말로 대중 시선의 어리석음을 질타한 버트런트 러셀의 말처럼 세상의 시선을 가볍게 무시해 주는 게 좋겠지만 불안을 심어 대는 이런 시선으로부터 압박감을 느끼는 교사의 지위 불안 강도는 생각보다 낮지 않다. 어쩌다 너무 일이 없는 날엔 '왜 이렇게 일이 없지.' 하고 오히려 불안을 느낄 정도니 말이다.

'우리는 왜 이렇게 불안해야 할까?' 하는 물음이 따라왔고 그 물음의 답 대신 불안의 시작에 가까이 다가설 수 있도록 해 준 책이 『불안』이다. 알랭 드 보통의 다른 책들처럼 멋진 시작과 달리 완독이 쉽지 않았다. 그럼에도 내 절실함은 이 책 맨 마지막 페이지까지 읽어 내도록 했다.

알랭 드 보통이 설명하는 불안의 원천은 이렇다. 사람은 금전적 이유든, 관심과 사랑을 받기 위해서든 누구나 높은 지위를 바란다. 지위가 높아야 인정받을 수 있기 때문이다. '인정에의 욕망' 실현 정도가 내 가치를 평가하는 잣대가 되기 때문이다. 우리가 별 쓸모도 없는 사치품을 사는 것은 나도 뭔가를 이루었다는 심리적 안정을 얻는 자위 행위라고 말한다. 과거 지위는 신분이나 세습으로 이루어졌기에 능력과는 관계가 별로 없었고 귀족을 제외한 모든 이들은 노예나 농부로 살아가는 모두 평범한 사람들이었기에 질투나 박탈감 없이 숙명으로 살았다. 몸은 괴롭고 힘들어도 정신적으로는 그렇게 힘들지 않았을 것으로 보고 있다.

그러나 능력주의, 즉 능력에 따른 정당한 차별, 기회의 균등이라는 개념이 생기면서부터 실패와 가난은 나의 부족한 능력과 동일시되었고 그것은 능력을 넘어 윤리와 미덕이라는 관점으로까지 확대되었다. 가난하고 실패한 자는 부도덕한 사람이라는 평판이 따라붙는 것이다. 우리의 사회는 모두에게 균등하고 평등하게, 자원을 배분할 시스템도 없는 상태이지만 모두에게 노력하면 성공할 수 있다는 환상을 심어 주면서 지위 불안을 유발

교실이 지겨운 교사에게

하고 있다. 더구나 현대 사회는 고용 사회다. 대부분은 누군가에게 고용되어 살아간다. 경제 상황이 불확실하고 나의 능력이 불확실하고 나의 운조차 불확실하다. 나의 지위가 언제 추락할지 모르는 고용인으로서의 우리는 늘 불안하다. 알랭 드 보통은 불안에 맞설 다섯 가지 해법으로 철학, 예술, 정치, 종교적 정신, 보헤미안적 삶을 내 놓는다.

철학은 불안을 불러오는 그 비판이 정당한지, 혹은 내가 타인의 욕망을 욕망하고 있는 것은 아닌지 나의 이성적 능력으로 냉철하게 판단해 보라는 것이고, 예술을 통해서는 오랜 세월 동안 그려진 인간의 오만군상에 담긴 부조리, 비이성, 차별 등은 인간 사회에 어디나 존재하기에 나에게 일어나는 이런 불안은 나만 겪는 일이 아닌 것이라는 위안을 찾을 수 있다. 즉 누구에게나 일어나는 일이라는 공감을 예술을 통해 얻을 수 있다고 했다.

정치적 해법은 정치적으로 능력과 지위에 대한 존경의 대상은 늘 변해 왔다는 것이다. 시대의 지배계급이 심는 이데올로기에 따라 높은 지위를 결정하는 요인들이 바뀌고 지위에 대한 불안을 촉발하는 요인들도 바뀌었다. 현대 사회에서는 능력에 따른 경제적 성취가 주류 지배 이념이기에 현대의 실업자는 고대나 중세의 전사나 기사들의 시대에 허약한 사람들이 느꼈던 수치심을 느끼고 있다. 돈은 미덕일 수 있고 능력이지만 돈과 경제적 능력, 혹은 지위나 성취를 그 사람의 내면과 비례해서 생각하는 것은 너무나도 잘못된 생각이라고 알랭 드 보통은 호되게 이야기한다. 교사가 관리자가 되는 이른바 '승진' 역시 수많은 외적 사건과 운, 내적인 어떤 특징으로 인해 얻은 지위에 둘러싸인 것이다. 따라서 지위를 가진 사람에게 도덕적 의미를 부여해서는 안 된다는 그의 생각을 나의 삶에 대입해 본다.

아메리카 원주민은 소유한 것이 매우 적었지만 정신적으로 풍요롭고 안정적이었다. 그러나 유럽인들이 전해 준 사치품을 사기 위해서 125만 마리의 사슴을 죽였고, 2000만~5000만 장의 가죽을 거래했지만 행복 대신 인디언들의 알콜 중독과 자살은 늘어났고 부족 공동체의 분열을 얻었다. 즉, 직급의 높낮음, 소유의 많고 적음이 결코 만족이 아니다. 삶은 하나의 불안을 다른 불안으로 대체하고 선망하는 것을 이루려는 노력을 통해 불안을 해소할 수 없으며 평안에 이를 수 없다. 세상에서 가장 부유한 사람은 상인이나 지주가 아니라 밤에 별 밑에서 강렬한 경이감을 맛보거나 다른 사람의 고통을 해석하고 덜어 줄 수 있는 사람을 사랑의 힘을 가진 사람일지도 모른다.

그리고 남은 두 가지는 기독교적 정신과 보헤미안의 삶이다. 기독교적 정신은 우리는 인간들 사이에서는 지위로 나누어질지 몰라도 적어도 신 앞에서는 평등하다는 것이다. 그는 이반일리치의 죽음을 통해서 지위라는 것이 얼마나 허망한 것인지, 긴 시간의 관점에서 무의미함을 보라 말한다. 이상적인 기독교 공동체에서는 인간은 욕망을 이루지 못해 괴로워하고 사랑을 받고자 하는 모두 같은 심리를 가진 피조물로서의 존재일 뿐이기에 인간이 나누어 놓은 성공과 실패에 덜 민감하게 반응하고 안전한 삶을 어느 정도 보장할 수 있다고 한다. 그리고 보헤미안으로 사는 것. 기존의 질서, 규정, 의식을 모두 거부한 이들은 영혼의 자유를 실현하며 살기를, 부르주아적 특성을 거부하고 도시 외곽에서 그들만의 공동체를 실현하거나 소로우처럼 혼자서 영혼의 삶을 사는 것으로 지위불안으로부터 멀어질 수 있다 말한다.

알랭 드 보통은 물론 이것들을 알고 실천한다고 해서 지위에 관한 우리의 불안이 사라지는 것은 아니지만 적어도 불안의 원인을 이해하고, 막아 내고, 접근하는 올바른 해석을 할 수 있는 것에서 위안을 찾을 수 있다고 했다. 그리고 우리가 지위 불안에 대한 해법을 찾아내더라도 근본적으로 인간은 인정받고 사랑받고자 하는 욕구를 가진 존재다. 이 때문에 그는, 대작가답게, 어디서 나의 욕구를 채울지는 다양한 판단 방식과 자유 의지를 통해 찾아내는 일을 내 몫으로 남겨 두었다.

첫 순간부터 마지막까지 일생을 관통하는 하나의 감정이 있다면 그건 '불안'일 것이다. 태어나는 순간에 우리는 울면서 태어난다. 태어나는 아기는 기쁘고 행복해서 울지 않는다. 내가 경험하고 알고 있는 산부인과 분만실 공기는 모두 서늘했다. 아늑하고 따뜻했던 엄마 배 속 양수에서 빠져나와 처음 만나는 그 싸늘한 공기 온도에서 불안을 느끼지 않을 수 없다. 우리 조상들이 산모의 해산을 준비하며 가장 먼저 한 일은 아궁이에 군불을 때 방을 덥히는 일이었다. 세상 안팎의 온도 차로 인한 아이 인생 최초의 불안을 줄여 주려는 지혜가 아니었을까. 죽음에 관해서도 마찬가지다. 불안하지 않은 사람이 얼마나 될까. 인류는 죽음이라는 불안을 극복하기 위해 종교를 만들었다고 해도 과언이 아니다. 불안으로 태어나서 불안으로 살다가 불안으로 죽는 게 인간 존재다.

이제 오히려 위안이 된다. 존재의 지위 불안을 안고 사는 게 삶이라면 교사로서의 나는 무슨 입장을 취해서 이 불안에 맞설 것인가. 나의 선택이 남았다. 『새장에 갇힌 새가 왜 노래하는지 나는 아네』를 쓴, 흑인 최초로 미국의 화폐 모델이 된 작가 마야 안젤루의 "내가 당신에게 바라는 것은 계속하는 것입니다. 계속해서 당신 자신의 모습으로 살아가고 당신의 친절한 행동으로 이 못된 세상을 깜짝 놀라게 해 주는 것입니다. My wish for you is that you continue. Continue to be who and how you are, to astonish a mean world with your acts of kindness." 이 말처럼 그냥 묵묵히 친절한 나로 살아가기로 했다. 어차피 우리는 아무리 먹어도 이 불안을 다 먹을 수 없으며 줄일 수는 있어도 결국 이 불안에서 벗어날 수는 없기에. 서른명 이쪽저쪽의 아이들에게 조금 더 친절하게, 너를 인정한다는 존중과 존중에서 나오는 인정의 눈빛으로 지위와 존재에 대한 불안을 줄여 주는 교사, 공감하고 협력의 기쁨이 곱다시 어우러지는 교실에 사는 교사면 된다. 때로 이런 다짐을 잃은 불안한 교사로 살게 될까 불안하지만 말이다.

교실이 지겨운 교사에게

교사의 불안이
대화로 나타나지 않도록

"등교하면 교탁 위에 있는 노란 바구니에 안내장 내세요." 하고 퇴근 무렵 칠판에 써 놓는 걸로는 모자란다. 누가 내고 안 냈는지부터 그 안에 기재되어야 할 내용이 정확히 들어 있는지, 뒷면에 있는 내용까지 확인했는지 챙겨야 한다. 교사가 3월에 가장 많이 해야 하는 일 중의 하나가 바로 이 가정 통신문 확인이다. 요즘은 'E 알리미'가 상당 부분 그 역할을 대신하긴 해도 여전히 내 주고 걷어야 할 안내장이 많다. 가정 통신문만큼 또 확인해야 하는 게 아이들이 듬성듬성 가져오는 현장체험학습 신청서와 보고서다. 역시 들어가야 할 내용이 빠짐없이 들어갔는지 보고서는 냈는지를 확인하고 누적 일수를 챙겨야 한다. 종종 결석계도 받아야 한다.

이렇게 교사는 늘 확인 또 확인해야 하는 직업이다. 수업 내용이 배움으로 연결되는지도 질문과 평가를 통해서 확인해야 하고, 교실 안전, 각종 의무교육 및 시수도 확인해야 한다. 급식도 확인해야 한다. 교사가 해야 하는 확인의 범위는 학생을 넘어 학부모에게까지 확대될 때도 있다. 확인이라는 단어를 국어사전에서 찾아보면 이렇게 나와 있다.

확인確認: **틀림없이 그러한가를 알아보거나 인정함. 또는 그런 인정.**

대입해 생각해 보면 교사는 틀림없이 확실하게 인정해야 하는 직업이라는 뜻이다. 무엇을 인정해야 하는가. 바로 아이들의 존재를 확인하고 인정해야 한다. 교사가 아이들을 각각의 개체 모두가 인정받는다는 느낌을 주어야 하는 사람이고 직업이어야 한다는 말이다. 앞 장 『불안』에서 살펴보았듯이 세상과 삶은 불안 그 자체이며 우리는 거기서 벗어날 수 없다. 거기에 더해 전 지구를 덮친 감염병이 가지고 온 불안은 작가 도리스 메르틴이 『엑설런스』에서 제시한 변동성Volatility, 불확실성Uncertainty, 복잡성Complexity, 모호성Ambiguity이 관통하는 이른바 VUCA 시대에 이르렀다. 안개가 자욱해 내가 선 지점으로부터의 가시거리는 짧아져 있고 안개 바깥에 어떤, 누가, 무엇으로 있을지 두려워 자신의 신념을 행동으로 실천하기 어려운 시간을 산다. 교사는 자신의 불안한 신념을 확신과 확인으로 바꾸어 보여 주며 살아야 한다.

교실이 지겨운 교사에게

이토록 불확실하고 불확정적인 세상에 이 불확실한 감정을 안고 삶을 산다는 것. 교사의 이 불안을 치유해 주는 것이 바로 '공감'의 언어다. 즉 공감의 언어로서 내 존재를 확인받고, 인정받는 것은 한 존재의 삶을 치유하고 키워내는 것이다. 먼저 내가 나를 확인하고 타인을 인정해 주는 것. 나는 이것의 효과를 믿는다. 이 주제를 가지고 연구 대회에 보고서도 썼다. 입상을 위한 대회의 목적보다 실험해 보고 싶었다. 정말 그런지, 변화가 나타나는지를. 마치 무자비한 폭력 앞에서 간디가 실행한 비폭력이라는 '진리의 실험'처럼 진지하게. 진짜 효과 있다.

　앞서 말하고 또 말했듯이 나는 차별하고, 나만 고집하는 까칠하고 불친절한, 불안에 찬 교사였다(지금도 그런 교사가 아니라고 말할 자신은 없다). 그런 나를 인정하고 확인하게 해 주는 공감의 세계로 불러들인 책이 있다. 바로 『비폭력 대화』와 『당신이 옳다』였다. 이 두 책은 이미 너무나 유명한 베스트셀러지만 나는 이 세계에는 눈길을 주지 않았고 손을 내밀지 않았기에 '공감'이 무엇인지 알지 못했다. 마치 지천으로 널린 산삼도 알아보는 눈이 없으면 캘 수 없고 밟고 지나가게 되어 있는 것처럼.

　교사의 언어는 정해신 박사의 책에서처럼 충고하고 조언하고 평가하고 판단하는 언어로 치우칠 가능성이 정말 크다. 우리는 심리치료사나 상담사가 아니라 더 넓은 범위의 역할을 해 내야 하는 교사이기 때문이다. 학생들의 생활과 수업을 관찰하고 단시간 안에 그들의 행동과 말과 심리를 바꿔 놓아야 한다는 의무감과 눈으로 드러나는 학생의 변화 속도가 능력으로 평가받고 그것이 '교사의 자존감'으로 이어지게 마련이다. 내가 아이들을 이끌어 가는 방식이 맞는 것인지, 왜 아이들은 이렇게 나를 따라오지 않는지 불안한 존재에 불안을 얹어 더해 간다. 그래서 판단으로 진단을 내리게끔 되어 있고 조언하고 충고하는 빠른 효과를 얻기 위한 처방의 언어를 쓴다.

그러나 아이러니하게도 아이들을 변화할 수 있도록 해 주는 것은 '변화의 속도'를 채찍질하기 위한 '충조평판'의 언어가 아니라 어떤 감정이었는지를 확인, 인정해 주고 무슨 일이 있었는지, 어떤 마음에서 그랬으며, 지금 마음은 어떠한지 진정으로 궁금해하며 물어봐 주는 느림의 '경청'과 '공감'이었다. "너 왜 그랬어? 누가 먼저 한 거야?"라는 말 대신 "도대체 너한테 무슨 일이 벌어진 거니, 어떤 마음이 들었던 거니?"라는 말로, 즉 선입견을 동원해 게으른 합리화로 빠른 판단을 내릴 수 있는 '스쳐보기'를 멈추는 대신 과정과 맥락을 들여다보고 그 존재의 이면을 넘어 심연에까지 가고, 닿고자 하는 호기심을 가지고 깊이 바라보아야 한다. 정해신 박사의 말대로 진실로 궁금해야 한다. 호기심이야말로 사물의 겉모습을 뚫고 본질을 파악하는 출발점이자, 너와 나 사이의 이해와 공감을 넓히는 첩경이다.

공감의 세계에 들어온 이후 공감에 관한 여러 책들을 읽고 살폈다. 얼마나 많은 공감에 관한 책들이 있는지, 나는 왜 진즉 이 세계를 알지 못했는지 나의 지나간 시간에 후회 대신 모자란 공

교실이 지겨운 교사에게

감의 깊이가 아쉬웠다. 아이들과 같이 공감의 언어로 말하고, 공감의 언어를 사용해 보았다. '자신의 감정을 확인하고 인정하고 물어보자, 감정 자체는 나쁜 것이 아니다.' 등등 책에서 보고 읽은 것을 수학 공식처럼 써먹었다. 그러니 오만가지 상황이 일어나는 교실에 그대로 적용될 리가 없었다. 이유를 잘 알지 못했다. 내가 하는 이 언어가 정말 공감의 언어가 정말 맞는지에 대한 의심을 확인으로 바꿔 주었던 책이 바로 『비폭력 대화』였다. 이 책에서는 나의 공감과 언어에는 여전히 판단과 조언, 충고가 들어 있는 응답과 발문임을 퀴즈와 예문을 통해서 보여 주었다. 부끄럽게도 내가 판단한 것은 대부분 로젠버그가 지적한 폭력적 대화에 가까웠다. 함부로 평가하고, 조언하고, 충고하는 것은 아주 높은 수준과 강도의 '비공감 언어'였다. 내가 하는 질문과 반응으로 되돌아오는 아이들의 표정과 눈빛을 통해 공감에 가까워지고 있음을 확신했던 것은 몇 년이나 흐른 후였다.

교사는 비폭력 언어로 마음을 알아주고, 해원해 줄 수 있어야 한다. 그 능력을 갖췄을 때 '교사의 언어'라는 집 안에서 아이들을 양생할 수 있다. 치앙마이 구시가를 둘러싼 해자를 따라 오토바이로 한 바퀴 돌았었고 런던의 타워 힐을 둘러싸고 있는 높다란 성벽을 본 적 있다. 사람 마음도 그와 같이 지어져 있지 않을까. 아무 곳이나 뚫고 상대의 마음 안으로 들어갈 수 없다. 치앙마이와 런던에서는 그렇게 뚫고 들어오는 존재와 살육전이 벌어졌듯 함부로 아이들의 마음 안으로 들어가고자 하는 나는 상대와 함께 죽음으로 향하는 것과 다를 것이 없다. 마음을 둘러싸고 있는 해자와 성벽을 건너 들어올 올 수 있도록 내려 주는 연결의 다리가 바로 공감의 언어다. 치유자로 불리기를 바라는 정해신의 비유처럼 마음의 문에 맞는 열쇠를 들고 다가갈 때 그 다리가 내려온다. 물론 그 언어는 정확해야 한다. 사랑의 언어도 정확하지 않으면 다툼과 이별의 단초가 된다는 것을 연애해 본 사람은 안다. 다시 인용하지만 너무나 소중한 책 『자연에서 읽다』에는 이런 글귀가 나온다.

> 정밀하고 적확한 언어로 표현할 능력은 없다손 치더라도 최소한 밀도 있는 경험치가 내재되었을 때 공감이라는 사건 혹은 정서적 도약이 일어납니다. 그 경험이 바야흐로 나의 언어로 말해지려면 대상에 대한 시선과 정서가 깊은 데까지 이르러야 가능할 테고요. (…) 울림이 공명할 내적 장치의 부재랄까요.[16]

서로 자극을 주고받는, 받아들이려는 자세에서 협력을 통한 '더 멀리', '함께 가는' 탁월한 결과를 이룬다. 교사가 아이에게 안정과 존중을 심어 주면 아이들은 똑같이 반응한다. 공명이다. 교사와 아이가 함께 공명할 때 더 높은 공감에 가서 닿는다. 줄의 튕김과 나무의 진동이 공간에서 함께 작용할 때 맑은 공명을

---

16) 〈김혜형, 앞의 책〉

들을 수 있지, 독선과 경쟁하는 방식으로는 공명을 만들어 내지 못한다. 주입된 도덕 가치로는 공명이 생기지 않는다. 서로의 차이를 인정하고 존재 하나하나를 강점으로 인식할 때 공명은 저절로 생긴다. 교실에서 경험한 것으로 자기만의 생각을 만들고, 친구들의 반응에는 마음을 열고 '그럴 수 있어.'라고 존중하는 모습을 보이는 자신에 먼저 감탄해 보게 해야 한다. 이전의 자신과 다른 자신의 모습은 새로운 생각으로 꼬리를 물고 서로를 자극한다. 내가 하는 말과 행동, 표정, 몸짓이 우리 교실에 영향을 미친다는 것을 인식해야 한다. 비로소 '공감의 북'이 공명하는 것이다.

그래서 우리 반의 가치는 '듣기와 공감', '협력과 연대'로 정한다. 연대감이 없으면 열정도 상호관심도 없고 따라서 공명이 울릴 리 없다. 이기주의적 방식으로 남들보다 앞서 나가는 방식은 이제 구식이다. 학급 세우기 일주일간의 시간을 아이들에게 협력과 연대로 우리가 더 멀리 갈 수 있음을 이야기하는 데 쓰고 '듣기와 공감'의 태도로 협력과 연대를 이끌어 내는 방식과 규칙을 세우는 일로 보낸다. 이때 역할과 팀을 구성한다. 지금 있는 이 친구들이 없다면 이라는 '마음의 뺄셈mental subtraction'이라는 심리 방식을 동원해 자신이 하는 역할, 말과 행동은 눈에 보이지 않지만 우리 팀과 학급 구성원 모두에게 영향을 미친다는 것을 상상하게 한다. 그리고 우리가 세운 규칙과 방식이 '협력'이라는 가치와 부합하는 방향인지 묻고 규칙과 방식을 매달 한 번 수

정해 나감으로써 아이들 스스로 듣기와 공감을 통한 협력과 연대의 연습을 넘어 증명하는 삶이 되는 성찰의 시간을 갖는다. 그 시간이 끝나갈 즈음 이 교실의 교사는 아이들에게 묻는다.

"이렇게 해 보니까 좋지?"가 아니라 "지금 마음이 어떠니?"라고.

선생님의 언어 배우기

도시의 큰 학교든 농촌의 작은 학교에서든 아이들이 서로 싸우거나 화를 낼 때 그 일에 대해 묻고 "지금 마음이 어떠니?"라고 물어보면 나달나달해진 얼굴과 입으로 하는 참 대답이 한결같다.

"짜증나요."
"화나요."
"억울해요."

대개 이 세 단어의 범주를 크게 벗어나지 않는다. 거의 이 단어 뉘앙스의 이쪽저쪽을 맴돌 뿐 자세히 표현하지 못한다. 그러면 교사의 번역기는 바빠진다. 파파고나 구글 번역기로도 해석할 수 없는 말을 통역해야 한다. 얘가 지금 분한가. 창피한가. 도망가고 싶은 건가. 필라멘트의 연약한 불빛처럼 아이의 감정 빛이 들어왔다 나갔다 한다. 칠판에 붙은 스물여남은 감정 어휘 판에 등장하는 단어를 통해 빨리 유추해 다음 질문을 던지는 밑작업을 해야 한다.

"걔가 밀어 놓고서는 선생님한테는 너가 먼저 장난쳤다고 거짓말한 게 너를 속상하게 했구나."

"어이가 없었던 거니? 원망스럽진 않았니?"

아이의 감정을 확인하는 일을 찬찬히 밟아 나가다 보면 어느새 두 아이 모두 자신의 들끓던 감정을 가라앉히고, 운이 좋다면 그 안에 있던 자신을 스스로 끄집어 건져 올려 보여 주기도 한다.

다양하고 풍부한 언어를 사용한다는 것은 대상과 감정을 정확하게 표현해 내는 일이다. 결국 이는 소통을 이어 가는 학생과 학생, 교사와 학생, 삶과 교실을 어휘라는 뚜렷한 매개로 연결할 수 있다는 것이다. 그래서 아이들과 소통하는 언어가 조금 더 정확하고 세분될수록 소통의 밀도가 높아지고 척력은 낮아진다. 소설가가 자신의 이야기를 독자들에게 펼치기 위해 그려 내고 싶은 '한 문장'을 위해 하루 이틀을 꼬박 알맞은 단어를 찾는 이유다. 그 단어라야만 독자들도 작가가 상상한 그 장면을 그대로 복기할 수 있기 때문이다.

예전 아이들의 언어 환경은 가정에서 비롯해 발달하는 언어의 영향이 컸다면 요즘은 유튜브나 SNS 커뮤니티를 통해 영향을 받

교실이 지겨운 교사에게

아 사용되는 영향이 압도적이다. 스마트폰이 쥐어진 이후로 그 차이는 이제 걷는 속도와 자동차 속도의 차이만큼 벌어져 있다. 그 간극을 극복하는 것이 가능할까 싶다. 언어의 그릇을 키워 속도차로 벌어진 거리를 좁혀야 할 책임도 공교육 종사자의 역할 중에 하나가 되지 않을까.

교사는 이런 요즘 아이들에게 언어 사용에 영향을 주는 모델이 될 수 있지 않을까? 내가 유선경 작가의 『어른의 어휘력』을 읽고서 든 생각이다. 아이들에게 더 좋은 단어, 더 예쁘고 정확하게 표현하는 단어를 사용하게 해 보는 것이다. 이 책에서 작가가 소개하는 책 『감정은 어떻게 전염되는가』의 다음 구절에서 특히 더 내가 아이들 어휘 사용의 모델이 되어야겠다 생각했다. **"감정을 이해하는 능력이 섬세해지자 학생들은 처음으로 행복에 목말라 했다."**

해찰하다
해원하다
잠포록하다
자그럽다
지르잡다
걸러듬다
감치다
개힘

보람줄

어둑발/갓밝이

위에 열거한 열 개의 단어 중에 뜻을 알고 있거나 사용해 본 적
이 있는 단어는 몇 개인가. 한번 꼽아 보자. 부끄럽게도 나는 하
나도 없었다.

어떤 말이나 글의 의미나 어감을 쉽게 파악하지 못한다면 '눈치'
가 부족하다기보다 '어휘력'이 부족한 탓이 크다. 말인즉슨 맞는데
묘하게 거슬리는 말도 '인간미'가 부족하다기보다 '어휘력'이 부족
해서일 수 있다. 어휘력은 사람과 사람 사이를 연결하는 힘이자 대
상과 사물을 바라보는 시각이며 어휘력을 키운다는 것은 이러한
힘과 시각을 기르는 것이다. 동시에 자신의 말이 상대의 감정에 영
향을 끼칠 수 있다는 사실을 이해하는 것이다. 그래야 '어른'다운
어휘력이다.[17]

교사의 더 풍부한 언어 사용은 아이들의 감정과 시각에 영향
을 준다. 이건 오랜 경험으로 내가 알게 된 것이다. 감정 노동자
인 교사가 인간군상의 집합체인 이 교실에서 일어나는 일에 대
해 아이들에게 묘사해 줄 수 있어야 한다. 가시광선 범주 안의

---

[17] 유선경, 『어른의 어휘력』(서울: 앤의서재, 2020)

빨주노초파남보 일곱 개 색깔만으로 뭉뚱그린다면 우리 교실이 그리는 그림은 얼마나 단순해지겠는가. 교실에서 일어나는 일의 색깔 스펙트럼은 비슷한 맥락이지만 하나의 색으로만 수렴되지 않는다. 교사가 다양하게 자신의 감정을 정확하게 표현할 줄 알아야 아이들도 배운다. 교사다운 말을 쓸 때 교사는 아이들에게 어른이 되고 모델이 된다. "오리는 어미의 날개짓을 보고 나는 법을 배운다."라는 철학자 오우크쇼트의 말처럼 아이들은 선생님의 언어를 보고 따라 쓸 수 있다고 생각한다.

내가 섬세한 단어로 정확하게 표현하기 수업을 하면서 종종 아이들에게 보여 주는 게 있다. 감정 단어를 범주화해서 붙여 놓고 그 단어가 모두 들어가도록 생활 속에서 내 이야기를 만들어 내 보이는 것이다. 대개 한 줄에 열 개 정도의 감정 단어가 있다. 예를 들어 "어제 본 공연은 너무나도 감동적이었다. 열정적인 연주자들의 자신 있고 당당한 모습에 내가 더 설레고 신났다. 힘들었던 일들이 있어 우울했지만 새로 희망이 솟아나는 짜릿한 기분을 맛보고 다시 자신감을 얻었다."처럼.

다른 감정 범주의 단어들을 아이들에게 주고 글로 써 보게 한다. 아이들이 생각보다 어려워하지만 곧잘 해낸다. 그런 과정을 거치다 보면 아이들이 노트에 적어 내는 일상 일기에 변화가 눈에 보인다. 그렇게 빨리 변하는 아이들을 보면 내가 더 놀랍고 뿌듯하다. 읽기 혁명을 쓴 크라센은 "즐겁게 읽고 쓰면 단어와 어휘는 노력하지 않아도 저절로 실력이 는다."라고 했다.

도서관에서 사전을 놓고 우리가 평소에 쓰지 않지만 예쁜 뜻을 가진 낱말, 새로 알게 된 낱말을 적는 '어휘 찾기' 놀이도 좋은 방법이다. 그리고 그 단어를 이용해서 긴 글이 아닌 짧은 문장을 쓰는 것이다. 사전은 꽂아 두는 물건이 아니라 나를 위해 사용하는 물건이 되도록 해야 한다. 교실보다는 도서관이 더 좋고 도서관보다는 사전을 들고 운동장으로, 야외로 나가 보면 더 좋다. 공간을 옮기는 일은 표현으로 옮기기에 부족했던 생각도 보물찾기처럼 눈에 번쩍 띄는 단어를 통해 희미하던 생각의 꼬리가 뚜렷하게 보여 글로 지르잡히게도 한다.

잠포록한 날에는 결락 없는 창밖을 내다본다. 아이들이 돌아간 교실에서 새물내 나는 아이들의 마음이 담긴 생각 노트를 읽고 내 생각을 적바림해 준다. 그 소통 과정에서 더 곱고 예쁘면서도 정확한 언어를 적어 줄 수 있으면 좋겠다는 바람이 있다. 그러면 밭에 뿌려 둔 씨앗이 자라 과실이 되듯 아이들의 생각이 잘 익은 과실같은 언어로 맺히길 바란다. 내 글에 아이들이 다시 대꾸를 해 주는 아이도 있고, 그런 일에 무감한 아이들도 있지만 그것이 '어른' 교사가 하는 소통이고 대화이길 바란다. 자신의 생각을 더 정확한 언어로 은성하게 표현해 낼 수 있는 아이들이 되길 바란다.

교실이 지겨운 교사에게

단단한 언어의 집을 짓다

국어 시간. 대개의 수업은 이렇게 전개된다. 먼저 주어진 텍스트를 읽고 글 안의 정보를 찾아내는 단순 질문에서 유추의 사고가 필요한 질문 만들기. 그리고 만들어진 질문에 대한 대답을 서로 나누어 본다. 거기에 나의 경험을 접목시켜 글감을 찾은 다음 글의 처음과 중간, 끝에 들어갈 주요 내용을 적는다. 그리고 나면 어김없이 교과서 한 페이지가 통째로 여백이 된 부분이 등장한다. 글쓰기의 시간이 온 것이다.

이제 큰 산을 넘어야 한다. 심호흡을 한번 한다. 저 높은 산을 등정해 넘기 위해 필요한 교사로서 능력은 인내심과 단단히 버텨 낼 멘탈이다. 다시, 한번 꼼꼼히 설명을 한다. 나의 경험을 예시로 "글의 처음은 이렇게 시작해 봐. 가운데에는 너희들이 쓴 핵심 글감이 될 단어와 문장에 가지뼈와 살을 붙이는 거야. 마무리는 글의 내용을 뭉뚱그릴 수 있는 표현을 생각해 보는거지. 잘

할 수 있을거야. 시간이 넉넉하진 않아. 오늘은 15분 정도. 그럼 시작해 볼까."

나의 이 말은 100미터 달리기 출발을 알리는 신호이고 그에 반응해 아이들의 질문은 0.1초 만에 튕겨 교실을 달려 나에게 온다.

맨 처음 질문.

"선생님 뭐 써요?"

"…."

그다음 질문.

"선생님 쓸 게 없어요."

"…."

마지막 질문.

"이렇게 쓰는 거 맞아요?"

보너스 질문.

"이거 써도 돼요?"

아이들에게 글쓰기란 이렇게 어려운 것이고, 정답의 틀에서 벗어나서는 안 되는 것이다. 글쓰기 시간이면 십년 전이나 지금의 아이들이나 단단하게도 변하지 않는 이런 풍경이 벌어지면 나는 꼭 은유 작가의 글을 떠올린다. 그녀의 글은 삶에서 나온다. 물론 삶을 위한 글쓰기, 아이들의 언어로 글을 풀어내고 노랫말을 지은 이오덕, 백창우, 김용택 시인 같은 이미 큰 산이 된 훌륭한 분들이 있지만 나는 은유 작가처럼 글을 쓰는 법을 가르치고 싶다.

글을 쓰는 것은 아이들인데 내가 글쓰기 시간에 힘들어하는 이유는 아이들의 삶을 다 이해하지 못하고 아이들이 가진 눈높이의 세계를 다 이해하기엔 참 모자란 교사이기 때문이다. 눈높이를 맞추기 위해 아이들의 삶을 떠올리며 아이들의 일상과 근접해 거리를 좁혀나갈 수 있지만 나는 결코 그 세계에 도달하지 못한다. 그러나 나는 아이들에게 삶이 글에 녹아 있고, 글에 삶이 입혀진 좋은 글을 보여 주고 싶고, 이야기해 주고 싶다. 글쓰기 수업 전에 아이들에게 보여 줄 나의 이야기가 담긴 글을 한 편 쓰거나 써 놓았던 글을 편집한다. 결국 내 삶에서 그것들을 꺼내 와야 하기 때문이다. 교사의 독서가 더 중요해지는 이유다.

은유 작가의 삶에서 나오는 글은 먹고사니즘부터 아들의 군대 생활 이야기, 지인들과의 모임에서 있었던 일과 같은 소소함에서부터 사회의 불평등, 비행청소년, 원조교제, 열악한 환경에서 일한 노동자의 억울하고도 돌봐지지 않는 죽음, 교육 문제, 우리 사회 기득권이 아무렇지도 않게 행하는 부조리까지 다룬다. 이 작가가 써낸 어떤 문장 앞에서 나는 읽기를 멈추게 된다. 그녀가 글로서 해결할 수 있는 일은 없겠지만 자신을 표현해 내는 진실하고 분명한 언어에 내가 공감하기 때문이며 삶 속에서 빚어낸 진심의 수사학이기 때문이다. 나의 말과 그녀의 글을 닮았을 때 내 삶을 글로 알록달록 예쁘게 채색해 내보일 수 있지 않을까. 나의 이야기를 통해 우리 아이들이 빚어내는 글도 그러했으면 좋겠다. 아이들의 글은 결국 아이들의 삶에서 나와야 하는 법이다.

나는 오늘도 그녀의 글에서 수업에 쓸 내 삶의 이야기를 걸터듬고, 헤집어 본다. 내가 그녀의 글에서 아이들에게 들려줄 이야기를 찾는 것처럼 아이들이 내 글을 읽고 보며 자신의 삶에서 꺼내 그릴 이야기를 찾았으면 한다.

나와 상관 없어 보이는 타인의 목소리에 귀 기울일 때,
자기 삶의 문제인지도 몰랐던 문제가 드러나는 경험은 언제나 신비롭다.

난 말이지, 사람들이/친절을 베풀면/마음에 저금을 해 둬//
쓸쓸할 때면/그걸 꺼내/기운을 차리지//
너도 지금부터/모아두렴/연금보다/좋단다[18]

작가만이 아니라 아이들 모두가 자기 언어에 절실해져야 한다. 내가 표현하고 싶고 마음에 남았던 어떤 것도 글이 될 수 있고, 특별하지 않아도 되지만 솔직하게 꺼내 펴보는 것이다. 어떤 아이가 자신이 살던 멕시코에서 지우개를 훔친 이야기를 꺼냈다. 부끄러웠던 경험이라 아이가 말을 하고서도 눈치를 살폈지

---

18) 은유, 『다가오는 말들』(서울: 어크로스, 2019)

교실이 지겨운 교사에게

만 나는 그 아이에게 진심으로 고맙다고 말했다. 이야기해 줘서 고맙다고. 쓸 게 없는 게 아니라, 내 삶을 글로 만들어 내는 일이 처음이라 어려웠을 것이다. 눈을 감고 하루에 일어나는 내 일상을 나붓나붓 떠올려본다.

친구가 화나게 해서 나도 똑같이 복수했던 이야기도, 눈을 감고 체육관으로 가 보는 경험도 담아 본다. 체육을 마치고 물이 먹고 싶은데 선생님이 가지 말고 바로 앉아서 다음 시간 수업할 책을 펴라고 했을 때의 느낌도 솔직하게 써 보자고 한다. 누군가에서 친절했던 나, 화를 내거나, 종일 심심해서 침대에 누워 뒹굴거렸던 휴일의 나는 어떠했는지 이야기를 꺼내 쓰기의 테이블 위에 모두 올려놓고 이야기를 하다 보면 쓰기 수업은 어느새 아이들의 성토장과 라디오스타 예능보다 재미있는 시간으로 바뀐다. '계속 읽고 쓰고 논의하는 과정에서 비로소 가능한 인간의 변화에 대해 믿게 될' 그러한 사람이 되었으면 좋겠다. 자신의 세상에 대한 논리와 분석이 아닌 경험적 지식으로 쌓은 이야기들을 모순 없는 몇 문장 줄글로 풀어내며 별처럼 빛나고 있는 자신을 볼 줄 아는 사람으로 커 가길. 그래서 나는 읽고 쓴다.

작가의 말마따나 아이들이 해내는 이 어려운 글쓰기의 가치는 이런 것일지도 모른다. 삶에서 찬바람이 부는 건 막을 수 없지만 찬바람을 막는 단단한 언어의 집을 짓는 일 말이다.

아빠네 집이 되는 교실

종종 너무나 살펴 주고 싶은 아이들의 질문이 온다. 분명히 모두가 알 수 있도록 친절하게 설명했다 생각하고 과제를 준 뒤, 잠시 자리에 앉아 아이들이 해 나가는 모습을 본다. 누가 어떤 표정인지 하나 하나 찬찬히 아이들의 몸짓과 표정과 바쁜 손놀림을 마음에 챙긴다. 그런 어느 한때 순진한 얼굴로 와서 혹은 호기심이 꽉 들어찬 얼굴을 가지고 나에게 걸어오는 아이를 보면 크고 긴 봉지에 갖가지 맛이 담긴 종합 젤리처럼 여러 감정이 같이 달큰하게 내 자리까지 넘어온다. 알쏭달쏭해 하는 표정은 귀엽고, 궁금해하는 몸의 태도가 예쁘고, 나한테 진지하게 책이든 공책이든 들고 오는 그 손이 너무 예쁘다.

그럴 때는 아이를 옆에 앉히고 조곤조곤, 화내지 않고 처음부터 다시 설명하는 보통 때의 나와 꽤 다른 존재가 되곤 한다. 간혹 이때 나오는 말이 "선생님이—"가 아니라 "아빠가—"라고 할 때가 있다. 문득 나도 모르게 튀어나온 "아빠가—"라는 말에 아이보다 내가 더 흠칫 놀라곤 한다. '아빠라니! 아이들이 아무리 이뻐도 이렇게 말할 수 있나?' 하면서.

교사는 아이가 태어나고 한번 변하고, 내 아이가 학교에 들어가면 또 변한다는 말이 있다. 틀린 말이 아니었다. 나도 내 아이가 태어나 키워 보고 나니 학부모들이 아이들을 이만큼 키울때까지 고단한 육아의 시간을 보냈는지가 눈에 보였고, 내 아이가 학교에 들어가니 학부모들이 쏟아 내던 귀찮았던 질문 쓰나미가 이해되었다. 나도 내 아이의 상담을 하러 학교에 가면 선생님이 우리 아이에게 이렇게 저렇게 좀 지도하고 챙겨 줬으면 하는 마음이 들었다. 직업으로서의 교사라는 범주에는 부모가 자식을 기르는 것과 같은 마음도 들어가 있어야 함을 그제야 배웠다.

신기한 일은 부모의 감정도 가지고 서서 교실에서 아이들을 바라보면 하나 하나의 얼굴들이 다르게 보인다는 것이다. 그 얼굴들에서 성격, 말투, 습관, 태도, 아이들이 하는 기상천외한 질문 등등이 떠오르면서 10년 이쪽저쪽을 살아 내는 동안 들어찬 아이들의 삶이 보이는 듯하고, 종일 의자에 앉아 자울자울 재미없기도 한 수업을 듣는 태도가 대견하게 느껴질 때면 흐뭇해진다. 어떨 때는 이 아이들의 목마 태워 교실이라도 한 바퀴 돌아 주고 싶은 생각이 들기도 한다. 물론 하나하나의 아이들이었을 때에 그렇다는 말이다. 이 아이들이 꼭 끓는 물 분자 운동처럼 단체로 움직임이 활발해지면 그땐 엄격한 부모의 마음을 내야겠지만. 엄격함이라는 것도 그 다른 모습으로 나타나는 것이지 아이들을 바라보며 흐뭇해할 때의 그것과 다르지 않을 것이다.

주로 고학년을 맡는데(이건 내가 더 어린아이들의 눈높이를 맞춰 교실을 꾸려나갈 재능이 부족함을 알기 때문이다) 6학년을 맡으면 아이들의 졸업 앨범에 들어갈 교사의 말을 써야 할 때가 있다. 어느 순간은 더 깊게 고민했다. 어떤 말을 아이들에게 남겨 주어야 할까. 글자로 박제되는 말이고 몇 년 뒤에 아이들이 이걸 꺼내 볼지 모른다. 5년 뒤에 볼 수도 있고, 10년 뒤에, 20년 뒤에 볼 수도 있다. 초등학교 졸업 앨범을 버리는 경우는 잘 없기에. 그때도 남겨진 나의 말이 아이들에게 가서 닿기를 바랐다. 나는 앨범에 이렇게 적었다.

"엄마는 네가 열심히 공부하기를 원해. 네가 다른 사람보다 더 성공하기 위해서가 아니라, 네가 선택권을 가질 수 있게 되길 바라서야. 생계에 쫓겨 마지못해 하는 일이 아니라 의미 있고 여유 있는 선택을 할 수 있도록 말이야. (…) '평범'하다는 건 남들과 비교했을 때 느끼는 감정이지만 마음의 평안은 자기와 비교하는 것이지. 우리가 최종적으로 책임져야 할 대상이자 멀고도 험한 이 길의 종착지는 역시 '자기 자신'이야. 인생은 말이야, 넓게 펼쳐진 평원에서 숲으로 들어가는 길과 같단다. 평원에서 만나는 친구들은 함께 갈 수 있어. 앞에서 끌어 주고 뒤에서 밀어 주면서 말이지. 하지만 일단 숲에 들어서면 풀숲과 가시덤불들이 길을 막고, 그러면 상황은 완전히 달라지지. 다들 자기 앞만 보면서 길을 찾아 나갈 수밖에 없어. 넌 앞으로 가정에 구속되고, 책임감에 묶이고, 너 자신의 야심에 갇히고, 인생의 복잡다단한 모순들에 짓눌리게 될 거야. (…) 인생은 큰 강과 같아서 화창하고 아름다운 풍경이 펼쳐질 수도 있지만 거칠고 사나운 파도가 닥쳐올 수도 있다는 거야. 너의 반려자가 언제나 너와 어깨를 나란히 하고 뱃머리에 함께 서 있는 사람이었으면 좋겠어. 평온할 때는 함께 그 풍경을 즐기고 거친 파도가 휘몰아칠 때는 네 손을 꼭 잡고 놓지 않는 그런 사람 말이야. 그 상대가 네가 넘어야 할 거친 파도가 아니었으면 해."[19]

이 글은 『사랑하는 안드레아』라는 책의 구절을 편집해서 적은 글이다. 그 책의 말을 거의 그대로 앨범으로 옮겼다. 이제 이 아이들에게 나는 교사가 아니라 더 큰 세상으로 보내는 부모의 마음과 같았기 때문이었다. 어쩌면 훗날 이 앨범을 다시 펴 볼 날이 아이들 역시 부모가 되어 있다면 내 마음과 통하는 글이 되는 마음에서였다. 『사랑하는 안드레아』이 책은 좀 더 어른으로 자라지 않으면 안 되는 곳으로 떠나는 아이들에게 교사이자 부모의 마음으로 남겨 주고 싶은 글들이 가득한 책이다.

엄마는 대만 출신, 아빠는 미국계 독일 출신으로 아이는 독일에서 태어난 독일인이다. 아시아인 엄마와 독일 사람으로서 아

19) 룽잉타이·안드레아 발터, 『사랑하는 안드레아』, 감영희 옮김 (서울: 양철북, 2015)

들이 보는 문화 차이에 대한 의견, 세상을 보는 시각을 나눔으로써 부모와 자식을 넘어 서로에 대한 탐구를 담은 편지글이 오고 간다. 이 글을 통해 아이를 키우는 부모로서 독자들이 아이의 삶을 바라보는 부모의 태도를 배웠고 희망을 보았음을 팬레터의 내용으로 함께 담아 그들의 나눈 이야기의 의미와 가치를 보여주었다.

또한 부모와 자녀 두 사람의 시각과 의견에 반대되는 글도 함께 담아내 세상에 존재할 수 있는 다른 이들의 목소리를 통해 작가의 겸손함과 엄마의 생각에 아이가 갇히지 않도록 하는 배려를 보여 주었다. 특히 독일어가 가장 편한 아이와 중국어가 가장 편한 엄마 이 두 사람의 의사소통을 원활하고 오해와 편견을 최대한 제거한 정확한 이해를 위해 서로에게 쓰는 편지는 영어로 하되, 모국어만이 내는 느낌을 정확히 살리기 위해서 엄마는 중국어로 편지를 다시 썼다는 대목에서는 치밀한 통찰력과 정확한 마음을 전하려는 진심의 노력이 중요함을 배웠다.

내가 아이들에게 부모의 마음을 담은 교사로서 해 줄 말도 작가와 아주 일치한다. 너희들이 하는 공부가 '먹고사니즘'을 넘어서 조금 더 몸과 정신을 자유롭게 해 주는 도구가 되길 바라고, 내 생각과 다른 시각이 얼마든지 존재할 수 있음을 항상 명심해야 내 안에 갇히지 않을 수 있다. 자유롭지 못하고 돈이든 직업이든 사상이든 어딘가에 갇혀 있다는 것은 곧 썩어 생명 단축을 맞이할 상태가 된다는 의미다. 이는 스피노자가 말한 실재로서 존재하려는 노력인 '코나투스'와 진화론이 말하는 '존재와 유지'라는 생명의 근본과도 정면으로 배치되는 것이다. 내 교실에서 자라는 아이들이 그렇게 살게 되는 것을 바라지 않는다. 내 곁을 떠날 아이들이 각각이 지닌 개성과 고유한 본성을 잃지 않으면서도 타인과 협력하는 기쁨을 아는 사람으로 살아가길 바란다. 그렇게 사는 것이 훨씬 더 생존에도 유리한 길이다. 교사로서 바라는 일이고 아이들은 이런 마음을 가진 아빠네 집과 같은 삶을 배우는 학교에 다니길 바란다. 그 마음이 무엇을 이야기 해야 하는지 글로써 보여 준 이 책을 만나 내가 알게 된 것이 바로 이것이다.

교사가
고전을 읽는다는 것의 의미

머릿속이 혼란스러웠다. 뒤죽박죽. 한 노래 경연 프로그램의 심사를 하던 유희열이 한 참가자의 노래를 듣고 난 후 심사평처럼 '뭐지?' 했다. 그동안 '알고 있다고 믿던 지식'이 정말 '지식을 얻었다고 말할 수 있는 것들인가' 싶었다. 그리고 어쩌면 이 책을 통해서 '삶과 죽음'이라는 궁금한 생의 근원에 대한 답을 찾은 것 아닐까 했다. 많다면 많고, 적다면 적은 나의 책읽기를 이토록 혼란스러움에 빠뜨린 책이 또 있었을까 싶다.

내 독서 목록에 끼어들 틈이 없었던 이 책을 읽게 된 것은 『마흔에게』, 『미움받을 용기』로 유명한 작가 기시미 이치로의 권유에서였다. 책 속에서 작가는 철학적 사유의 위대함과 늙어감에 대한 이야기 과정에서 나에게 원전으로 읽어 보기를 권했다. 나는 꽤 말을 잘 듣는 학생이기에 겁 없이 가볍고 신나게 도서관으로 향했다.

하지만 책을 보는 내내 한 문장, 한 문장을 읽어 나가기가 어려웠다. 석 장을 넘기지 못하고 잠이 들기도 하고, 한 페이지 몇 번, 한 문장을 또 몇 번 읽어야 할 정도로 이해하고 어려웠다. 어떤 문장이나 논증은 기가 막히게 '반박불가'한 논리의 무기를 들고 내 안으로 쏙쏙 침입해 오기도 했다.

『소크라테스의 변명』은 소크라테스를 고소한 자들과 재판관 앞에서 자신에 대한 고소가 왜 부당한지를, 크리톤 편은 자신을 탈옥시키러 온 크리톤에게 탈옥을 왜 하면 안 되는 것인지, 파이돈은 심미아스와 의심 많은 케베스에게 영혼과 육체, 존재의 본질, 삶과 죽음에 관한 논리적 증명을 해 나간다.

이 위대한 책이 나올 수 있었던 이유는 소크라테스는 사형 집행이 바로 이루어지지 않았기 때문이다. 델로스로 갔던 배가 돌아오기 전까지 사형 집행이 금지되어 있었다. 그 배가 돌아오면 사형이 집행되므로 배가 들어온 날 이 대화는 이루어진다. 그의 어린 자식과 아내 크산티페가 울까 봐 하인을 시켜 가족들을 감옥 밖으로 내보낸 후 이루어진 대화와 논증이다.

소크라테스의 철학적 사유는 지금까지 어디서도 보지 못한 반박하기 어려운 질서 정연한 논리와 세밀한 구조로 이루어져 있다. 불교에는 인간의 감각을 설명하는 탐진치와 오온이라는 개념이 있다. 인간의 이 육체 감각은 깨달음을 방해하므로 세계와 본질을 인식하기 위해서는 육체적 감각의 경지를 넘어야 삼라만상의 너머에 있는 고유한 본성을 볼 수 있다는 것인데 소크라테스 역시 이와 비슷한 논리를 펼친다(실제로 살았던 시기가 비슷하다, 소크라테스는 기원전 469년이고 석가모니가 열반에 들었다고 추정되는 시기가 기원전 500년 전쯤이니까 동시대라고 할 수 있다).

철학자는 지혜를 추구하되 그것이 대중을 설득하고 자신의 주장이 옳음을 알도록 깨우쳐 주어야 하고, 정욕을 절제해야 하며 ―그는 스스로의 가난으로 그것을 증명했다―영혼은 삶과 죽음으로 다시 태어나는 것이지 죽음과 동시에 사라지는 것이 아니라고 말한다. 지식은 단지 우리가 망각한 것을 상기할 수 있게 하는 것임을 논리로서 증명해 낸다.

따라서 사람은 태어나기 이전부터 이미 이성과 관념이 있는 영혼을 가지고 태어난다. 그래서 우리는 질문해야 한다. 인간은 배워서 아는 것이 아니라 본래 알고 있는 존재로 태어나기에 자신이 무엇을 알고, 무엇을 모르는지를 모르고 있으므로 사고의 단절 없는 질문 행위를 통해 근원에 있는 그 무엇과 마주하게 해야 한다. 우리가 고등학교 윤리 시간에 배웠고, 대학에서 도덕 교육학 시간에 배웠던 소크라테스의 '질문법'은 여기에서 나왔다.

또한 소크라테스 자신은 신의 목소리가 내는 내면의 소리에 의해 행동해 왔으며 한 번도 이를 어긴 적이 없다 했다. 죽음은 새로운 혹은 더 나은 신의 세계로 나아가는 것이기 때문에 진정한 철학자라면 육체를 즐거움, 돈, 명예가 아닌 항상 죽음을 추구해야 하는 삶을 살아야 한다. 죽음을 추구해야 한다고 한 의미가

'자살'이 아니다. 자살은 옳지 않은 일임을 분명히 하고 있다. 철학자가 죽음을 추구하는 것은 절대 선善이자 '고유한 영혼의 상태'에 이르는 '지혜'를 향해 나아가는 과정이다. 자신의 목숨은 단지 자기 것이 아니라 신에게 맡겨진 것이므로 죽음을 스스로 결정할 수 없음을 주인이 있는 당나귀 비유로 논증한다. 그런 소크라테스가 고발당한 이유는 아이러니하게도 신을 믿지 않으며 청년들을 타락시킨다는 죄목이었다. 물론 소크라테스는 이 역시 질문과 논리를 통해 이를 완벽히 반박해 낸다.

그러므로 슬퍼할 것 없는 죽음을 피하기 위해 탈옥을 하는 것은 자신을 악하게 대한 이들에게 악으로 갚는 것이고, 국가가 가진 여러 법을 무너뜨리는 행위이자 아테네 시민들에게 비난받을 행위임으로 그것을 받아들이지 않는다(실제 재판은 소크라테스를 절반은 사형에, 절반은 무죄로 판결한다). 선한 영혼은 악한 영혼보다 더 좋은 운명을 맞이할 것을 믿으면서.

『소크라테스의 변명』에서 자신은 '알지 못한다'고 말한다. 지혜에 대해서 잘 알지 못하며 잘 안다는 사람들을 찾아가 모두 토론하고 이야기 나누어 보았으나 그들 중에 진정한 지혜를 아는 사람은 하나도 없었다고 말한 후 독약을 마신다. 소크라테스 시대의 독약은 참으로 착한 독약이었나 보다. 그가 마시는 독약은 마시고 난 후 말을 많이 하거나 흥분하면 약효가 사라져 두 번, 세 번을 마셔야 하는 경우도 있었단다. 소크라테스도 독약의 적당량이 얼마인지를 물은 후 죽음으로 향하는 액체를 삼켰다. 점점

다리에 감각이 없어지고 차가워지는 걸 느끼며 스스로 죽음으로 뚜벅뚜벅 향했다.

소크라테스의 논리를 따라 읽어 가다 보면 반박할 수가 없다. 뭔가 대꾸를 하고 싶은데 입이 꾹 다물어진다. 20세기 현대문학의 거장, 독창적이고 실험적인 작가 이탈로 칼비노는 그의 책 『왜 고전을 읽는가』에서 고전을 읽어야 하는 열 가지가 넘는 이유를 말하고 있다. 그중 하나가 "고전이란, 사람들로부터 이런저런 애기를 들어 알고 있다고 생각하면 할수록, 실제로 그 책을 읽었을 때 더욱 독창적이고 예상치 못한 이야기들, 창의적인 것들을 발견하게 해 주는 책이다."라고 했다. 나에게 『소크라테스의 변명』은 그런 책이었다. 『소크라테스의 변명』이라는 오리지널을 맛보지 않고 '원조 맛집'이라고 간판 써진 다른 맛집을 찾아가는 것과 같은 짓을 계속하고 있었던 것이다. 그러니 잘못 알고 있고, 잘못 배웠다. 그가 왜 위대한 철학자인지 몰랐고, 교사로서의 내 행위가 도대체 무엇인지를 생각하게 했다.

고전은 여행기다. 세상과 삶에 대한 탐구를 담은 여행서다. 공부와 여행이 사람을 바꿀 수 있다. 그런 책이 생명력을 가진다. 역사의 시간을 흘러오며 수많은 삶이 겪어 낸 상처와 고뇌, 환희와 성공, 온갖 인간 군상의 보편적인 모습을 정확하게 짚어 내 설명하거나 이야기로 만들거나, 논리적으로 입증한 책이 생명력이 있고 강력한 힘을 가지고 있다. 힘을 가진 보석 같은 책이다. 역사의 세월을 견디고 견디며 압력을 이기고 제 성질을 변화시켜 가며 고유의 색과 빛을 내는 단단한 존재로 발화한 것이다. 우리는 이렇게 오래 살아남은 가치 있는 것들에만 '고전', 또는 '클래식'이라고 이름을 붙여 준다. 교사가 고전을 읽어야 하는 이유다. 이제야 나는 가르치는 일을 하는 교사에게 왜 질문법이 필요한지. 왜 우리가 자신이 하는 일에 대해 사유하고 성찰하고 의심해야 하는지 조금 알게 되었다. 그 생각의 변화를 준 것은 도덕교육 시간도 아니었고, 소크라테스를 설명한 철학책도 아닌 원전 그 자체였다.

유명하고 이름난 맛집에는 줄이 길게 늘어선다. 사람들은 오리지널 맛집의 맛을 보기 위해서 치러야 할 대가라고 생각하고 불평 없이 더위와 추위에도 기꺼이 줄을 선다. 인류가 고전으로 이름 붙인 것도 꼭 그러하다. 한 번쯤은 가장 강력한 오리지널인 고전을 맛보기 위해 노력이 필요하다. 쉽지 않다. 아무리 먹방을 자세히 보고 오래 본다 해도 설명으로는 그 맛을 알 수 없듯 진짜 맛을 봐야 그 맛이 어떤지 안다. 고전도 내가 직접 읽어야만 안다. 위대한 철학자 소크라테스는 이 책을 읽기 전까지 나에게 없던 사람이나 마찬가지였다.

고전은 오래 살아남는다. 어떤 맛집은 먹을 때는 몰랐는데 돌아와 며칠 혹은 몇 달이 지나면 그 맛이 생각나기도 한다. 그것처럼 읽은 후에는 '별론데'라고 생각할 수 있지만 삶의 어느 날 '퍼뜩' 머리를 스치며 책 속의 장면과 당신을 만나게 한다. 그렇게 만들어 줄 수 있는 힘을 가진 책이 고전이다. 단 한 문장의 깊이를 알 수 없어 한 줄 읽어 내는 것이 찔꺽찔꺽한 늪에 깊이 빠져 발을 빼내지 못하는 것과 같았다. 내 의식의 흐름을 멈춰 세워 주변을 다시 바라보게 했다. 한나절을 만났으나 잊기에는 한평생이 모자랐다. 고전이라는 것은.

교실이 지겨운 교사에게

5장

다시 교실로 돌아오는
교사의 여행

여행의 냄새로 교실을 되살리는
교사의 여행

급식 시간에 나는 아이들에게 다양한 미션을 낸다. 어떤 날은 왼손으로 밥을 먹어 보고, 어떤 미션은 서로 먹여 줘 보기도 해 보면서 우리가 매일 하는 이런 일상적인 일들에 새로운 경험을 부여해 본다. 아이들도 그렇지만 내가 가장 놀라는 것은 코를 막고 숨을 참으며 음식의 맛을 보는 미션이었다. 꼭꼭 씹어 봐도, 삼키면서 눈을 감아 봐도 도무지 당최 어떤 맛도, 식재료 고유의 질감도 가깝게 느껴지지 않는다. 된장찌개는 그냥 짭쪼름한 맛이고, 김치는 서걱거리는 축축한 느낌이며 멸치볶음에서 그나마 고소한 맛이 느껴진다.

코를 꽉 잡고 있던 두 손가락이 놓아야 우리가 아는 그 맛이 느껴진다. 정확히 말하면 그건 맛이라기보다는 '냄새'에 가깝다. 우리가 기억하는 그 냄새가 느껴질 때라야 비로소 내가 그 음식을 먹고 있고, 별 탈이 나지 않을 상하지 않은 맛있는 음식이라는 것을 뇌가 인지하기 시작한다. 뇌는 음식을 냄새로 기억하는 것이다. 냄새가 기억으로 이어져야 맛있게 먹기가 가능해지는 것이다.

여행도 그러하다. 여행의 기억을 떠올릴 때 어딜, 어떻게 갔는지 시간 순서대로 직선적이고 평면으로 나열하는 것은 메타버스 속 다차원의 경험을 1차원 혹은 평면 도화지에 옮기는 것이다. 내 기억을 하나씩 꺼내 시공간의 다름을 느끼고 지연된 기억을 꼭꼭 씹어 하나씩 나누어 보는 '차연差延, différance'이며 온 감각을 이용해 입체적인 여행으로 건축되었을 때 오래도록 기억에 남아 그 시공간 안에 '내가 녹아 있는' 여행으로 기억할 수 있다.

여행이 냄새와 향기로 오래 기억될 수 있으려면 가까워야 한다. 물리적 거리가 가깝든 심리적 거리가 가깝든 여하튼 가까이 있을 때 우리는 그 냄새를 또렷이 맡고 오래 기억할 수 있다. 그러려면 사람과 가깝고 그 사람이 사는 공간에 가깝고, 그 도시의 전체와 가까워져야 한다. 내가 도시 여행을 할 때마다 가까워지기 위해 들르는 곳 세 곳이 있다. 높은 곳, 시장, 공원 그리고 호텔 대신 에어비앤비나 게스트하우스다.

어느 여행지를 가든 우리는 높은 곳에 오른다. 그곳이 도시든 자연이든. 도시에서는 전망대에 오르거나 사원, 성당의 맨 꼭대기에 오른다. 자연에서는 만년설이 펼쳐진 장관이 없더라도 높은 산에 올라간다. 하다 못해 제주도의 낮은 구릉 같은 오름이나 삼도봉이라도 올라서 날아가는 비행기라도 바라보고 싶어한다.

우리가 힘을 들여 오르는 이유는 그 오름 끝에 무엇이 있기 때문에 오르는 것이 아니다. 대개는 내려다보기 위해 오른다. 특히 도시 여행이라면 더더욱 그러하다. 아파트 15층까지, 학교 건물 5층까지 계단으로 걸어 올라가라 하면 짜증과 한숨부터 나오지만 여행지에서는 돈을 내고서라도 엘리베이터도 없는 좁은 계단을 머리 박아가면서 빙빙 돌아 올라간다. 피렌체에서는 대성당이 보이는 곳에 오르고, 무섭도록 검은 쾰른 대성당에 오른다. 프라하에서는 페트린 타워에 올라간다. 파리의 에펠탑은 1층만 오를 수도 있지만 굳이 기다리고 떠밀려가며 324미터의 높이의 꼭대기에 올라간다. 거기에는 나를 기다리는 첫사랑 연인과 약속한 '냉정과 열정'이 있는 것도 아닌데 말이다.

높은 곳에 우리가 개힘으로 오르는 이유는 그 도시와 가까워지기 위해서일 것이다. 물길을 따라 생긴 도시구역과 그 구역 확장의 역사, 곳곳에 숨어 있는 명소를 드론으로 찍어 낸 여행 다큐의 장면처럼 한눈에 품으며 내가 그 도시에 왔음을 눈 전체로 지각하고 싶음에서다. 온 도시 곳곳을 다녀볼 수 없기에 도시의 생김을 한눈에 보면서 그 도시 안에서 여행하는 나의 존재를 가장 쉽고 분명하게 드러낼 수 있기 때문이다. 우리가 도시를 조망하기 위해서 런던아이나 부다아이 관람차를 타는 것도 마찬가지의 이유다. 빙빙 도는 관람차 안에서 보는 도시 풍경은 내가 '여행자'라는 존재의 느낌이 덜 느껴지도록 한다는 것은 타 보면 알 수 있다.

높은 곳에서 도시 전체의 냄새를 맡았다면 이제 좀 더 깊고 내밀하게 들어가 도시를 맛보고 싶어진다. 높은 곳에서 걸음을 돌려 내려가는 곳은 시장과 공원이다. 어느 도시나 시장에는 사람 사는 모습을 가장 쉽고 편하게 들여다 볼 수 있다. 시골 농장에서 만들어 온 퀴퀴한 냄새가 나는 자동차 바퀴만한 치즈나 푸아그라를 시식해 볼 수 있는 곳도 시장이고, 그들의 오늘 저녁 밥상에 오를 음식이 무엇이 될지 눈 여겨가며 맞춰볼 수 있는 곳도 대개 시장이다. 껍질과 가시를 발라내 살덩어리로만 파는 가게의 생선 살로 만든 음식 맛이 좋았고, 그 도시 사람들의 살림 살이를 드러내 놓고 만져 볼 수도 있다. 골동품이라고 생각하고 봐도 정말 오래돼 보이는 물건들을 주섬주섬 내놓고 졸고 있는 할아버지와 함께 손을 잡고 춤을 추어 볼 수 있는 곳도 로마의 시장이었다.

어떤 나라의 시장은 그 나라가 가진 인상을 그대로 닮았다. 거리의 발길이 닿는 대로 모두가 시장통이던 인도는 시장도 혼란스러움 그 자체였고, 길에 앉아 두루뭉툭한 꽈배기를 쌀국수 국물에 담가 먹고, 숯불에 굽던 돼지고기 꼬치를 나보고 직접 구워보라고 내밀던 중년 부부의 호기심을 닮은 시장이 있는 도시는 하노이였다. 같이 사진 찍자는 말에 수줍어하며 카메라를 보고 자신이 찍힌 모습에 하얀 이가 얼굴 가득 드러나도록 웃던 노점 아가씨는 방콕의 어느 대로에서 만났다.

시장만 그 도시, 그 나라의 인상을 닮은 게 아니라 공원도 꼭 그렇다. 『파리의 열두 풍경』을 쓴 조홍식의 이야기에서 알 수 있듯 반듯반듯하게 잘려지고 다듬어진 파리의 공원들이 파리는 낭만의 도시가 아닌 냉철하며 이성의 도시임을 보여 준다. 런던의 정원과 뮌헨에 있는 넓고 넓은 영국 정원을 걷다 보면 도시 안에 있는 또 다른 숲의 세계에 온 듯하다. 갖가지 동물들이 살고 있고 가끔은 마차가 달리는 생경한 풍경에 신기하기도 하지만 공원에서 삶을 펴는 사람들을 본다. 모래놀이 하는 아이들, 유모차 옆에서 아이들을 바라보는 부모들, 뛰는 사람들, 누워서 부족한 태양볕을 받는 사람들을 보면 그들의 일상 안에 내가 쏙 들어와 있음을 실감한다.

그리고서 한 템포 느리도록 여행 시곗바늘을 맞추고, 걷기에 아픈 내 발도 잠시 거기서 쉰다. 나의 '쉼'의 의식이 무의식에 영향을 주도록 눈을 감고 시선을 잠시 꺼둔다. 때로 가방에 넣어 함께 여행하는 돗자리를 펴고 눕는다. 누워서 지금 여행하고 있음을 맥주 한잔과 함께 잊기도 한다. 그렇게 아무것도 하지 않고 그저 눈 감고 정지하는 것으로서 내 여행이 더 충실해지길 바란다.

이국적이고 이질적인 풍경과 삶에 뇌가 피곤해질 즈음에 머물 숙소로 돌아온다. 호텔이 아닌 게스트하우스로 터덜터덜 지쳐 돌아온 게스트하우스는 여행자들의 냄새를 맡을 수 있는 곳이다. 주인과 손님이 아닌 같은 이방인이면서 여행자의 위치에서 수평적 '다름'을 동질적으로 만날 수 있는 곳이다. 그 '다름'의 냄새를 깊게 각인하고 싶어 되도록이면 한국 주인이 운영해 손님으로 '한국인'만 있는 '게하(게스트하우스)'는 아직 가지 않았다. 어쩌다 여행지에서 김치찌개가 먹고 싶거나 나의 게으른 여행 준비로 인해 여행 정보가 필요할 땐 가 보고 싶기도 하지만 아직은 낯선 농질감을 만날 수 있는 게하에 더 발길이 간다.

아침 식탁에서 만난 이와 저녁에 다시 만나 오늘 '당신'들의 여행이 어땠는지 이야기 나눈다. 아침에 눈을 떠서 이층 침대 커튼을 열어젖히자 어제 아침에 눈이 마주쳤던 백인 대신 익숙한 얼굴의 한국인이 있었고, 밤에 조용히 옷을 갈아입다가 나와 눈을 마주쳐도 아무렇지도 않게 웃던 여자 사람 여행자가 있던 자리는 남자 사람으로 바뀌어 있었다. 12월 31일. 새해를 맞는 밤 게하 1층의 식당에서 벌어진 맥주 축제판에 거나하게 취해 나와 함께 새해를 맞았던 이는 이스라엘에서 온 여군이었다. 그들의 행선지와 삶을 묻고 내 이야기를 하며 함께 같은 곳에 머물게 된 약한 유대감으로 연결되어 한해 마지막을 보냈다.

내밀한 곳에서도 가장 내밀한 곳이 사람들이 살아가는 살림집이다. 런던에서 기차로 가야 하는 런던 외곽의 살림집, 파리의 20개 구를 길 하나 차이로 비켜나 파리가 아닌 숙소, 도시의 명소와 멀지 않으면서도 여행자들이 주로 머무는 반대편이나 버스로 대여섯 정거장쯤 떨어진 현지인의 집, 오스트리아 산속에 있는 어느 노부부의 살림집으로 들어간다. 그들은 대개 자신의 집을 내어주면서 내가 머무는 동안 함께 생활한다.

언젠가는 가 보고 싶은 여행지인 이란 사람들은 손님 맞이를 좋아한다고 한다. 그래서 조금만 친해지면 자기 집으로 손님을 초대한단다. "손님이 찾지 않는 집엔 천사도 찾아오지 않는다." 라는 이란 속담처럼 손님 맞는 것을 큰 기쁨으로 여긴다. 대개 자기 집을 비앤비로 운영하는 사람들도 아마 그런 이란 사람들의 성향과 가깝지 않을까 추측해 본다. 여름에는 주인이 휴가를 떠나면서 내놓는 집들도 있지만 대개는 그들이 나의 여행을 돌보아 준다. 빠엘라와 피자가 맛있는 동네 맛집이며 어느 여행 블로그에서도 보지 못한 동물원을 소개해 주기도 하고, 취리히 외곽의 오스트리아가 고향인 젊은 주인 부부는 나와 함께 식사하는 것을 숙박 조건으로 걸기도 했다. 해가 지기 시작하면 주인은 테라스에 있던 바베큐 기계를 돌리고 맥주를 꺼내 놓았다. 파리와 프랑크푸르트 숙소의 주인들은 한국인이 남기고 간 김과 미숫가루를 보여 주며 그들의 기억을 추억했고, 밤이면 컴퓨터 앞에 앉아 내가 타야 할 트램의 노선을 함께 찾아 주었다. 대개는 동양을 방문해 본 적이 없는 그들은 한국을 포함한 아시아를 궁금해하고, 나는 이야기를 들려준다. 짧은 영어 단문과 번역기의 도움을 빌려 펼치는 어설픈 전함의 행위에도 그들은 귀를 기울여 진심으로 나의 이야기를 들어 주었고 이야기가 중단되어 침묵이 흐르면 나는 그들의 살림살이를 조심스레 매만져 보고 살펴보면서 내밀한 삶의 속살과 교감해 본다.

우리가 서로 사랑하고, 우리가 가졌던 사랑의 감정을 기억할 수 있는 한, 우리는 진짜 우리를 기억하는 사람들의 마음에 잊혀지지 않고 죽을 수 있네. 자네가 가꾼 모든 사랑이 거기 그 안에 그대로 있고, 모든 기억이 여전히 거기 고스란히 남아 있네. 자네는 계속 살아 있을 수 있어. 자네가 여기 있는 동안 만지고 보듬었던 모든 사람들의 마음속에.[20]

영화의 한 장면처럼 깊숙이 줌인 되어 나의 여행을 기억해 본다. 먹고사니즘과 일의 열정과 보람 사이 어디쯤에 있을 내 하루의 일상 어느 날은 코를 막아 숨통을 조여오는 듯하다. 열정과 행복이라는 것은 감정이지 생각이 아니기에 생각의 다그침만으로는 해결될 수 없는 그런 날에는 '여행의 냄새'를 떠올려본다. 퍽 가까웠던 그 냄새들은 바로 뇌 신경을 타고 올라가 기억을 헤집어 찾아 여행의 기억과 연결시켜 준다. 그제서야 내 여행이 온전하게 되살아난다. 내가 새롭게 그리고 맛있게 먹은 급식의 경험과 같은 '여행'이다. 냄새가 있고 알큰하게 만져지던 그들과의 교감이 있는 경험이 녹아든 여행이다. 모리의 말처럼 나의 오감이 기억하는 진짜 여행은 내 안에서 잊혀지지 않고 쉬이 죽어지지도 않는다. 살아 있는 동안에 만지고 보듬었던 그들이 내 마음속에 오래 남아 나와 함께 살게 된다. 피카소의 여행이 그러했듯 일상이 징건해지면 꺼내서 마음에 살아 있는 내 지난 '여행의 냄새'를 꺼내 먹어 본다.

---

20) 미치 앨봄, 『모리와 함께한 화요일』, 공경희 옮김(서울: 세종서적, 2002)

아침 풍경을 서성이며
이방인의 눈으로 '바라보다'

3년 만에 찾은 방콕의 풍경은 참 그대로다. 그대로. 여행자의 입장에서 다시 찾아가는 여행지가 '그대로'라는 것은 낯섦과 익숙함의 경계선에서 조금 더 익숙함으로 기울어져 있다는 말이다. 그 조금 익숙한 길을 걸으며 만나는 풍경은 새로우면서 동시에 익숙함으로 채워진다. 이 묘한 조합은 오래전에 내가 숨겨 두고 간 보물을 다시 찾으러 온 '보물찾기' 하는 시간 같이 느껴진다.

일어난 그대로의 몰골에서 안전한 사람으로 보일 만큼만 치레한 뒤 숙소 근처에서 열리는 아침 시장으로 걸음을 해 본다. 도시마다 아침을 채우는 냄새가 다르다. 어떤 도시에서는 구수한 빵 냄새가 퍼지고 또 어떤 도시에서는 사람들의 뒤섞인 체취가 느껴진다. 여기 방콕 외곽 시장에는 솥에서 튀겨지는 닭튀김 냄새가 시장 골목부터 태국의 냄새와 섞여 가득히 퍼진다. '까이팃'

이라고 하는 가장 대중적인 태국 음식이다. 우리는 치킨을 맥주와 함께 저녁에 먹지만 태국 사람들은 아침저녁 점심으로 늘 먹는 음식이 이 닭튀김인 까이텃이다. 출근 시간에 늘어선 줄의 길이로 보아 맛집인가 보다. 아침저녁으로 닭튀김을 먹는데도 참 날씬한 사람들의 비결은 소식이다. 그 양이 초등 3학년이 한 끼 급식으로 먹는 양이나 될까 싶다.

방콕 사람들은 주로 출근길에 먹을 것을 사 들고 출근을 한다. 손에 손에 음식을 싼 투명한 비닐봉지를 들고 가는데 그 크기는 손이 큰 어른의 주먹만 하다. 회사에 가면 어떻게 그걸 먹는지 모르나 다들 그런 주먹만 한 봉투 두세 개씩을 들고 출근한다. 물론 그 음식 봉투가 회사로만 가는 것은 아니다. 영혼을 지탱하는 종교적 신념을 증명하는 데 쓰이기도 한다. 스님에게 공양물로 올리고 기도를 받는 것이다.

거리의 스님이 사부대중을 위해 기도를 해 준다. 이 바쁜 시간에 출근하다 말고 앉아서 스님의 축원을 기다린다. 어느 도시나 출근은 전쟁 같지만 특히 방콕은 그 혼잡도가 세계 어느 도시에 못지않다. 그런 출근길 시장 한쪽의 골목에서 이런 기도와 축원이 삶을 잠깐 멈춰 세운다. 아니, 어쩌면 이들에겐 이것도 일상이니 그들의 일상을 오늘도 열심히 살아 나가고 있는 것일지도 알 수 없다. 기도를 기다리고 축원을 받는 일엔 남녀노소가 없다. 곁에 서서 구경하던 나에게도 스님이 축원의 물을 뿌려 주셨다. 보시를 위한 공양물은 아무것도 내놓지 않았으며, 알아들을 리 더더욱 없이 멀뚱히 선 구경꾼에게조차 부처님의 자비는 빼놓지 않는 법인가 보다.

1월 아침 방콕. 엄연히 방콕도 겨울이 있다. 핫— 베리 핫— 베리 베리 핫. 방콕 사람들에게는 덥지 않은 날씨일까. 아침인데도 훅 닥쳐오는 열기에 즐겨 가던 불가마 한증막 입구의 열기가 떠올랐지만 숯불 앞에서도 긴 옷을 입고 바나나와 밥을 굽고 있는 아주머니는 얼마나 더울까 싶다. 저 숯에 불을 붙이고 피워 살려 내 손님이 오기 전에 얼마간의 바나나와 밥을 구워 놓으려면 몇 시에 집에서 나섰을까…. 하고 생각해 본다. 분명 컴컴한 세상에서 잠을 깼을 텐데 싶다.

방콕에 가면 꼭 맛보는 방콕 귤 맛이 나는 주스도 있지만 익지 않은 새파랗고 단단한 망고가 눈에 보인다. 저 망고는 망고 향이 나는 무 같기도 하고 콜라비 같은 맛도 난다. 잘 익은 샛노란 망고는 1킬로그램에 2,000원이고 새파란 망고는 1,600원이다. 망고가 이 시장에 오는 일도 누군가의 수고가 많았을 텐데 그 수고 치고는 참 안타까운 값이다. 그저 싸다고 그저 좋아하게 되지만은 않는다.

제값을 다 받지 못하는 푸릇한 망고 옆에는 도시락이 놓여 있다. 에까마이 역 인근에 사는 방콕 사람들의 아침이 되어 줄 샐러드 도시락과 떡같이 생긴 음식들이 손님을 기다린다. 저 얇고 투명한 바스락바스락 소리가 나는 도시락은 어릴 적 우리 엄마가 소풍날 싸서 담아 주던 김밥 플라스틱 도시락이다. 얇은 도시락은 힘이 없어서 한 시간도 넘게 걸어 시골 강가 소풍 장소에 도착해 가방을 열어 보면 어김없이 반쯤 쏟아지고 풀어져 있던 그 김밥 도시락이랑 닮았다. 노란 고무줄로 칭칭 감은 도시락이었지만 그 노란 녀석도 힘이 없이 얇은 도시락을 지켜주지 못했고 제 할 일을 다 못한 고무줄은 아무 구석에나 박혀 있었다.

어머니와 딸일까. 어쩌면 며느리로 보이는 아주 예쁜 여인이 있는 시장 담벼락 포장마차에 다가선다. 방콕 사람들은 이 아침에도 손님에게 미소를 잃지 않는다. 한 그릇에 2천 원도 하지 않는 쌀국수. 그 웃음에 나는 "꾸웨이띠여우 남." 하고 답을 되돌려 주었다. 국물이 얼마나 시원한지는 굵다랗게 들어간 무가 말해 주고 있다. 알싸하게 매운, 씨까지 통째로 갈아 놓은 고춧가루를 뿌려 훌훌 말아 마시듯 들이키면 비로소 내가 방콕의 시장에 와 있다는 걸 느낀다. 이전의 어떤 방콕 여행에서 먹은 어느 국수보다 맛있었다. 외국 사람은 거의 오지 않는 곳이라 영어 메뉴도 따로 없고 서로 의사소통도 안 되지만 국물 국수를 뜻하는 "남"이라는 한 글자면 충분히 서로의 뜻을 이해한다. 국물이 없는 비빔국수는 "행"이라고 하면 된다.

태국 아니 방콕 여행이 익숙한 아이는 이 시장 앉아서 아침으로 쌀국수를 맛있게 먹을 수 있는 여행자가 되어 간다. 아침에 집을 나서서 옷도 사고 집에서든 직장에서든 필요한 텀블러도 사고팔고. 한 통 가득 채워 놓은 닭고기 반죽이 다 튀겨지도록 저 시장은 종일 사람들의 발길로 분주할 것이고 기름 솥의 기름은 방콕의 더위만큼이나 여행이 끝나 버린 지금의 시간에도 펄 펄 끓고 있을 것이다.

편의점에 들러 여행에 필요한 몇 가지를 사서 숙소로 돌아간 다. 일본만큼이나 편의점이 지천으로 널린 방콕은 편의점에서 거의 모든 것을 다 살 수 있다. 재밌는 건 술 냉장고 앞에 한국어 도 쓰여 있다. 태국은 술을 살 수 있는 시간이 정해져 있다. 즉 정해진 시간 외에는 술을 살 수 없는 이야기다. 관광대국임에도 이런 정책에 익숙하지 않은 외국인들이 아무 때나 술을 집어 계 산대에 올려놓을 때마다 종업원은 곤욕을 치렀으리라. 각 나라 의 언어로 이 나라의 정책을 설명해야 하는 어려움은 가히 짐작 하기 쉽지 않다. 밤 12시까지 마셨으면 그만하고 집으로 돌아가 라는 정책은 우리나라에도 있으면 어떨까 한다. 더 마시고 싶으 면 집에서만.

한참을 걸어 가장 중심부인 아속역 끄트머리에 서서 빌딩 숲 인 수쿰빗 스카이라인들을 본다. 이 높은 건물들이 서 있는 도시 의 밤 풍경을 유지해 주는 건 방콕 사람들보다 여행객들일지도 모른다. 터미널 21 건물을 오르고 내리는 사람들의 행렬이 개미 떼처럼 느껴진다. 일정한 질서 안에서 움직이는 개미들처럼 줄 맞춰서 움직이는 21세기 사람들이다.

오래 걸어온 이 아침 여행길을 되돌아갈 때는 지상철을 탄다. 세상 많은 사람들이 BTS라고 하면 아이돌 그룹을 떠올리지만 나 에게 BTS에는 여행지의 기억이다. 가만히 보니 지상철은 지상

철에는 노약자를 위한 배려석을 알리는 그림에 특이한 점이 두 개 있다. 하나는 그림이었다. 픽토그램에는 노인. 환자, 임산부. 어린이가 있는데 가장 맨 앞에 그림이 하나 더 있다. 누구를 말하는 것일까. 한참을 봐도 알지를 못했는데 지상철을 내릴 때 즈음에 이 그림이 누구를 말하는지 알 수 있었다. 그 그림 속 인물은 스님이었다. 역시 태국답다.

두 번째는 'priority'라고 쓰여 있다. 우선권이 있다라는 말이다. 세계 어느 나라 공항에서든 라운지를 이용할 수 있는 PP 카드를 말할 때 이 단어를 쓰는데 '배려'라는 consideration 혹은 '보호'라는 care 대신에 '우선'이라는 priority라는 단어를 썼다는 점이 인상적이다. 우리의 배려에 의해 얻을 수 있는 것이 아니다. 배려하는 사람의 맘에 달린 것이 아닌 그래서 혹시 그 배려를 얻는 사람이 미안함을 느끼도록 하지 않는 권리의 차원에서 더 당당히 앉을 수 있는 자리인 것이다. 그래서 이 자리는 아주아주 흔히 비어 있다. 공동체가 살아간다는 것은 강자가 아닌 약자를 우선시해 줄 때 좀 더 살만한 세상이 되는 것 아니겠는가. 방콕 사람들은 열 살이 넘은 외국인 아이에게도 자리를 잘 양보해 주었다.

지상철을 내려 방콕 사람들의 가장 대중적인 교통수단인 썽태우를 타고 숙소 앞까지 간다. 자리가 없어 끝에 매달려 서서 가지만 이 바람도 더없이 시원하기만 하다. 여행자에겐 그들의 일상이 보물처럼 보일지 모르나 그들의 일상도 안에서는 그 크기

만큼 힘겨움을 지니고 살고 있다. 내 일상처럼 말이다. 그러나 이 도시를 일상으로 살아가는 사람들은 내가 사는 곳의 사람들보다 훨씬 더 자주 웃었고 더 큰 유대와 연대의 약속을 몸으로 보여 주었다. 이런 이유가 방콕이 나를 8번이나 불러들였는지도 모른다. 내 휴대폰을 훔쳐 간 마드리드, 인종차별로 버스조차 타기 힘들었던 암스테르담이 다시 가고 싶지 않은 것은 아니지만 방콕에서 느낄만한 편안한 풍경이 그 도시들에는 아직 없다.

교실이 지겨운 교사에게

여행지의 말을 할 수 있다는 것

"어머! 한국 사람이세요?"
"아니요. 저 대만 사람이에요."

누가 들어도 완벽한 한국말이었지만 그녀는 대만 사람이었다. 현지인은 없고 한국인들만이 유일한 외국 국적의 손님인 유명한 파인애플 과자 가게에서의 일이다. 어차피 다 똑같은 한 종류의 과자니 사이즈와 가격만 맞춰서 고르면 된다는 그녀의 우리말 안내를 듣자마자 튀어나온 내 질문과 그녀의 대답이었다. 어떻게 이렇게 완벽하게 외국어인 우리 말을 할 수 있는지 놀라움에 입이 다물어지지 않았다.

세계의 큰 도시에 가면 한곳 정도는 꼭 그런 가게들이 있다. 한국 사람들이 너무 많이 와서 한국인 직원을 채용해 둔 가게들 말이다. 파리의 한 약국이 그러하다. 거기는 모든 계산 직원이 한국인이다. 그런 곳에 가면 마치 파리가 아니라 우리나라의 어느 특산품 가게에서 물건을 사 오는 듯하다. 하지만 대만의 그녀는 외국어를 나와 똑같은 수준으로 구사하는 뚜렷한 외국인이었다.

두 번째 타이베이 여행에서 키가 크고 시원시원하게 생긴 일일 투어 가이드가 버스에 올라 마이크를 잡고, "날씨 참 좋죠? 대만! 어떻습니까? 여행은 할 만해요?" 하면서 오늘 우리가 다닐 일정도 주요 관광 포인트를 딱딱 짚어 설명해 준다. 그러면서 사실은 이미 지불한 투어 요금에 포함된 것인 줄 우리가 모르지 않음에도 타피오카 펄이 든 밀크티를 모두에게 서비스로 제공하겠다는 넉살을 보였다. 첫 안내를 마치면서 갑자기 생각난 듯, 한 마디 질문을 던졌다.

"근데 제가 한국 사람일까요, 대만 사람일까요?"

대부분의 투어 일행들은 당연히 한국 사람이라는 쪽에 손을 들었지만, 그는 대만 사람이라 했다. 심지어 자신은 한 번도 한국에 가 본 적 없는 대만 사람이라 했다. 내 첫 해외여행이던 신혼여행의 가이드 미카 역시 한국어를 너무 잘했지만 한국을 가 본 적 없다 했고, 카주라호 식당 술자리에서 만난 한국 땅을 밟아 본 적 없는 청년과도 우리는 한국어로 대화했다. 물론 두 사람이 한국어를 하는 목적은 상당히 달랐다. 한 사람은 직업이자 생존이었고 또 한 사람은 꽤나 불순한 의도로 보였다. 어쨌거나 소통이 되는 언어를 통해 우리는 꽤 더 가까워졌고 더 깊이 이야기를 나누었으며 지금까지도 기억하고 있다.

여행하는 국가의 언어를 할 수 있다는 것은 소통과 관계의 폭을 지수함수의 증가 폭보다 크게 늘려 줄지 모른다. 가게에서, 식당에서, 숙소에서, 택시에서 항상 현지인의 말과 글과 만난다. 늘 만나야 하는 그들 혹은 그것들과의 소통은 언어밖에 없다. 만국 공용어인 영어가 여행에서 만능열쇠가 되어 주지는 않는다. 여행지에서의 언어를 사용한다는 것은 그것이 몇 문장이 되지 않는다 해도, 때로 내 뜻을 정확히 표현할 수 없다고 해도, 듣는 이들에게 상당한 친밀감을 준다. 그들을 존중해 주는 느낌을 줄 수 있고 존중을 받은 그들은 내게 더 깊은 친절을 그들이 베풀어 주기도 한다. 또한 그들의 말을 듣고 이해하려는 나의 태도 역시 그 대화의 순간을 영화의 한 장면처럼 기억하게 해 준다.

드골 공항에서 탄 파리에서 뮌헨으로 가는 빈 좌석 듬성듬성한 에어프랑스 비행기 안에서 동양인은 나와 아이 둘뿐이었다. 짧은 비행 구간도 국제선이라 기내식이 나왔고 에어프랑스의 건조한 치즈, 빵뿐인 건조한 기내식 맛에 실망감을 느끼고 있는 사이 중년의 남성 승무원과 여자 승무원은 음료 카트를 밀고 내 앞으로 다가왔다. 남자 승무원과 눈이 마주친 순간 그가 내 눈과 딱 한 뼘 거리로 얼굴을 훅 들이대며 묻는다.

"소주 막걸리 동동주 다 있어요. 뭐 드릴까요?" 하더니 놀라는 나를 보며 씨익— 웃어 보인다.

순간 내 침으로 꾹꾹 씹어 말아 축축해진 빵을 그의 얼굴에다 뿜을 뻔했다. 맥주를 쿨하게 건네며 기내 서비스를 끝낸 그가 애초에 메뉴에 없던 마카롱을 들고 와 아이에게 건네며 내 자리로 왔다. 그에게 '어떻게 내가 중국이나 일본인이 아닌 단번에 한국인임을 알았는지'를 물었고 그는 한국에서 몇 년간 근무한 적이 있으며 아내가 한국인이라고 했다. 그 역시 한국어를 하는 나를 무척 반가워했다. 비행기가 뮌헨에 도착하기 직전까지 그와 나는 한국의 이해하기 어려운 기업 문화나 재미있었던 한국에서의 일화 등을 이야기 나누었다.

언어는 때로 완벽히 번역될 수 있을까 하는 의구심이 외국 소설이나 시를 읽을 때 강하게 든다. 어색한 번역을 보면 작가가 쓴 원어를 그대로 보고 싶어진다. 번역기를 이용해서라도 내가 이해해 보고 싶은 문장을 만날 때가 있다. 여행에서도 꼭 그러하다. 비록 아기 옹알이 수준의 생경한 몇 마디 현지의 언어 사용이 그들에게 곤란함을 던져 주는 표현일지라도 그들의 언어를 사용해 소통하는 것은 나를 비루한 관광객이 아닌 여행하는 여행자에 더 가깝게 만들어 준다. 길을 잃은 나에게 도움을 준 이에게 고마움도 표현하고 싶고, 함께 밥을 먹으며 그들의 이야기를 듣고 싶기도 하다. 때로 머물게 되는 현지인의 집에 대한 내 느낌을 정확하게 그들의 언어로 들려주고 싶기도 하다. 한자를 제법 읽어 대강의 뜻은 알 수 있을 거라 생각했지만, 히라가나, 가타가나를 전혀 모르는 나는 후쿠오카 식당가에서 우동집 하나 찾는 것도 너무 어려웠다. 단지 언어로서 누릴 수 있는 실용성을 넘어 그들과 소통하고 싶고, 그들과의 대화에 담긴 태도와 문화

교실이 지겨운 교사에게

에 내가 더 가까워진다.

독일의 아름다운 호숫가 작은 도시의 청년들은 나의 이상한 독일어 발음 노력에 하루 단위로만 빌려주는 자전거를 세 시간 대여해 주었고, 그라나다의 식당에서 아주머니는 한국인들은 항상 "씬 쌀이라고 하는구만." 하고 웃으며 빠엘라 냄비를 테이블에 유쾌하게 올려다 주었다. 방콕의 택시 기사와 시장 아주머니는 태국어로 잘못 말한 내 숫자를 정확하게 웃으며 고쳐 주었고 으레 관광객에게 하는 바가지를 씌우지 않았다. 우리 학교 도서관에서 발견한 『태국어 첫걸음』 책을 보면서 한 움큼 부끄러움을 삼켰다. 누가 신청했는지는 몰라도 이 선생님은 자신이 할, 어쩌면 했을 여행에 진심이었을 것이다. 방콕을 일곱 번이나 다녀온 내가 할 수 있는 태국말이라고는 열 문장이 채 안 되니 그간의 내 여행은 얼마나 빈약했으며, 소통도 관계도 가르마처럼 분리된 여행이었다.

비행기에서 마시는 맥주를 참 좋아한다. 지상 일만 미터 위에서 구름과 함께 마시는 맥주 맛은 그 어떤 맥주 맛보다 황홀하다. 단지 거기가 지상 높은 곳이기 때문이 아니라 다가올 내 여행이 가져올 기분 좋은 불확실성이 톡 쏘는 맥주 한 모금의 맛에 녹아 있기 때문이다. 다음 여행지가 어디가 될지는 모르겠지만 그곳으로 가는 비행기 안에서 나는 맥주 한 모금 넘길 때마다 그곳의 언어 한 줄을 외우고 있을 것이다. 여행이 차려 내는 밥상을 좀 더 맛있게 요리해 먹을 수 있는 훌륭한 여행 셰프가 되고 싶기에.

나와 다른,
아주 많이 다른 질서를 안고 사는
인도로 가는 길

 인도로 가는 길. 홍콩을 경유해 탑승한 인도 국적의 비행기 안에서는 정말로 카레 향이 났고, 인도의 냄새를 맡으며 나에게 편지를 썼다. '무엇을 보고 어떻게 달라져서 올 것인가'라고. 내가 인도에서 보고 온 것들은 암베르 포트나 아그라의 붉은 성, 타지마할, 카주라호의 사원, 간디의 묘와 같은 유적만이 아니었다.

 인도에서 가장 먼저 마주한 것은 '혼란'이었다. 우선 델리의 기차역에서는 누워 있는 사람을 밟지 않도록 조심했어야 했다. 기차역 선로에 싸질러진 똥오줌의 냄새를 참는 것도 고역이었지만 그 무질서한 '혼돈의 도시'에 서 있다는 것이 눈보다 정신을 먼저 어지럽혔다. 기차역 앞의 건물 전면에는 작은 창들이 개미집 구멍처럼 나 있었고 그 구멍은 간판으로 마른 논바닥만큼의 틈도 없었다. 그들이 사는 혼란의 질서를 보여 주고 있는 듯했다. 아주 오지의 시골이 아닌 이상 인구 강국 인도 어느 도시를 가도 그

교실이 지겨운 교사에게

랬다.

　대도시 어느 지역을 가나 차도, 인도가 따로 없는 곳이 대부분이었고, 찌그러지지 않은 멀쩡한 차를 보기가 더 어려웠다. 여기서 누군가와, 무엇과 부딪히지 않고 지나가는 것은 애초에 불가능한 일로 보였는데 나이가 꽤 젊어 뵈던 오토릭샤 왈리는 자기의 행로를 막은 늙은 사이클릭샤 왈리의 뺨을 사정없이 후려쳐 갈기고도 당당했다. 신분제를 폐지한 갑오년의 조선에서 양반과 천민이 사라지지 않았듯 신분제도가 없어진 인도에서 카스트제도를 눈으로 보았다. 차라리 체육 시간 운동장을 향해 달려가는 아이들을 복도에서 피하는 게 아주, 매우, 훨씬 더 쉬운 일이다. 물론 도시만이 아니었다. 여행 내내 내 배 속도 지옥의 혼돈이었다.

　두 번째는 빈부격차의 생중계 현장이었다. 지하철을 타는 사람들과 거리의 사람들은 행색과 피부색, 이방인을 대하는 태도까지 달랐다. 거리의 사람들은 내게서 읍소와 사기로 돈을 요구했고, 뉴델리 지하철역의 사람들은 그들의 일상에 카메라 셔터를 누르지 말며 초상권을 침해하지 말 것을 요구했다. 온 도시 건물이 분홍빛이라 핑크 도시로 불리는 도시의 왕궁 창문 아래 수 킬로미터에 이르도록 곧게 뻗은 거리에는 한 손 전체가 화상의 상흔으로 살점이 덜렁거리는 아이를 안고 마른 젖을 빨리는 늙은 엄마가 나를 바라보았고 그와 사정이 오십보백보일 듯한 거지들이 같은 길 위에서 삶을 같이 하고 있었다. 거리에서 나고 거리에서 죽는 자들이라고 했다. 핑크빛 성의 창문에서 이들을 내려다보던 귀족들의 심정과 계급 인식이 더 궁금해졌다.

그들처럼 가난한 여행자가 되어 묵은 호텔들엔 거의 에어컨이 없었고, 세수는커녕 양치할만큼의 물마저도 잘 나오지 않았다. 거무스름한 시멘트색의 침대 매트리스에는 여행자들이 모기들에게 미처 다 기증하지 못하고 남은 핏자국이 선명했다. 그 옆으로는 수영장이 3단 폭포로 떨어져 내리는 궁궐 호텔이 마주하고 있었고 나는 거기에서 손님으로 극진한 대접을 받는 경험을 함으로써 몇 시간 사이 양극단 계층의 삶에 한발씩을 걸쳐 보았다.

세 번째는 누구도 울지 않는 장례식이었다. 1년 365일 24시간 꺼지지 않는다는 시체를 태우는 불을 바라보는 일이 두렵고 무서울 거라는 예상과 달리 가트 앞에서 나는 덤덤했다. 내가 덤덤할 수 있어도 그들이 어떻게 덤덤할 수 있는지가 더 두려웠다. 어째서 아무도 울지 않는 것일까. 그래도 되는 것일까. 가족의 장례식에서는 없는 눈물도 짜내야 하고, 마른 곡소리라도 하지 않으면 독한 년놈 소리를 듣고야 마는 게 '우리 삶'인데 말이다.

여행에서 돌아오기 이틀 전 한 소년의 손에 이끌려 지붕이 없는 집에서 헤나를 그렸다. 그 소년의 호객 성공 여부가 그 집 아홉 식구의 하루치 양식의 양을 결정하는 듯했다. 지붕이 저리 성근데 비가 오면 어떻게 될까 하는 생각이 어지러운 헤나의 문양처럼 그려졌다. 인도에 다녀와서 무엇이 좋았는지 모르겠지만 한동안 '인도 앓이'를 겪었다. 내가 먼저 꺼내는 말의 열 중 서넛은

　　　　　　　교실이 지겨운 교사에게

인도 이야기였다. 길 바닥에 노랑천 하나를 펴고 누워 덧뺄셈을 하던 아이에게는 직업 정신을 발휘했고, 나눠 주려고 가지고 간 볼펜 열 자루를 나눠 주면서는 산타 노릇을 했다.

돌아오는 비행기 안에서는 카레 향 대신 가혹한 삶이 내뿜는 짜고 찌든내가 따라왔다. 삶에 질서를 부여하는 일, 우리 교실에도 질서를 부여하고 질서에 따라 삶을 펼쳐가야 했다. 법정 스님도 인도에 다녀와서 가끔 불평하고 수행에 게을러지는 자신을 볼 때마다 가혹한 삶을 살아가는 인도를 떠올리며 뜨끔해하셨단다. 엔트로피 증가의 법칙이 삶에 드러나는 현장을 보았다고 할 수 있다. 단단한 질서가 있는 토양이 무너져 무질서한 흙이 되었다 다시 쌓이는 과정을 거쳐 새로운 생명을 품어 내듯 다시 질서로 돌아올 수 있다. 인도의 그들처럼 내 삶을 그 질서에 가두지 않아야 한다. 정해지고 예견된 질서에 익숙해진 나와 달리 그들은 어디로 걸어야 하는지 알려 주는 질서가 담긴 표식 없이도 제 갈 길을 헤매지 않았다.

또 그들은 주어진 자신의 운명을 따르면서 살지만 게으르지 않았다. 운명과 같은 삶을 탓하지 않고 열심히 구걸을 했고, 불가촉천민들도 릭샤 왈리에 충실했다. 사기꾼도 나 같은 호구는 그냥 보내지 않는 성실한 직업 정신을 발휘했다. 장례식에서도 울지 않을 수 있고, 길이 없어도 묵묵히 제 길을 갈 수 있다. 스스로의 가치를 떨어뜨리며 살지 않았다. 그랬다면 오늘의 인도는 저렇게 많은 인구가 사는 나라가 될 수 없었을 것이다.

능력이 중요하지 않다는 말이 아니다. 그러나 노력 부족을 능력 부족으로 착각해서 스스로의 가치를 떨어뜨리며 살아왔다는 사실을 깨닫는 건 굉장히 중요하다. "자신의 결정이 중요하지 않다고 느끼는 마음" 학습된 무기력을 학습된 의지로 바꾸어 그런 마음을 도려내야 할 필요가 있다.[21]

내가 머무는 곳마다 나에게 빈디를 찍어 주며 안녕을 빌고, 나마스떼라고 하며 내 안의 신에게 경배하는 사람들에게 그들 삶의 질서인 빈디가 아즈나를 통해 조금 더 열일해 주길 바란다. 그리고 나의 다음 여행지는 그들의 신들의 질서를 만나러 가는 안나푸르나일 것이다.

나마스떼!

21) J. D. 밴스, 『힐빌리의 노래』, 김보람 옮김(서울: 흐름출판, 2017)

약속과 책임이 있는 여행과 교실

처음 유럽 여행을 갔을 때 있었던 일이다. 쾰른에서 파리로 가는 탈리스 기차 옆에 마침 한국인 대학생 네 명이 옆 좌석에 앉았다. 암스테르담으로 들어가는 비행기에서부터 한국인들을 거의 못 봐 오랜만에 만난 한국인이 왜 그렇게 반갑던지 내가 먼저 말을 걸어 두런두런 이야기를 나누었다. 기차가 출발하자 승무원이 와서 대학생들의 유레일 티켓을 검사했는데 예약 없이 탑승한 것이 화근이었다. 고속열차는 유레일 티켓이 있어도 반드시 예약이 필요하다. 젊은 친구들은 그 자리에서 지갑을 탈탈 털리고도 모자라 빌려서 내야 할 만큼 엄청난 벌금을 물었다.

몰라서 저지른 실수라서 더 안타까웠다. 학생이 아니었어도 매우 큰 금액이었다. 그런데 그 일이 며칠 뒤 나에게 일어날 줄이야. 뉘른베르크로 가는 기차를 타야 하는 아침, 예약해 간 내 유레일 티켓을 역 오피스에서 개시해야 했다. 유레일 티켓 개시는 역무원이 하는 작업이다. 마침 기차 시간이 촉박했는데 대기 줄에 선 사람들까지 많아 기다리는 동안 볼펜으로 유레일 개시 날짜만 적어서 내밀었다. 어차피 날짜는 누가 적어도 상관없지 않나. 돌아온 역무원의 반응에 나는 쾰른역에서의 그날보다 더 당황했다. 역무원이 불같이 화를 내면서 자기가 적어야 하는데 왜 적었냐며 내 유레일 티켓을 그 자리에서 찢어 버리는 게 아닌가? 물론 벌금 36유로도 요구받았다.

　너무 어이가 없었지만 이미 찢겨져 쓰레기통에 박힌 유레일 티켓과 나를 쳐다보는 아이의 당황한 표정에 어쩔 수가 없었다. 상한 감정만큼 상황을 따질 영어 실력도, 시간도 없었다. 이후에도 이런 '약속'에 관한 일은 여행에서 내게 자주 일어났다. 로마에서는 비행기가 연착된 탓에 밤 12시에 숙소에 도착했다. 너무도 잘생긴 그 얼굴과는 달리 냉정함 꽉 찬 표정으로 1박 숙박비와 맞먹는 레이트 체크인 수수료 요구했다. 독일 고속도로에서 찍힌 과속 벌금은 한국에서 결제가 되었던 듯하고, 취리히역 기차에서는 내리는 사람에 밀려 못 내렸음에도 연결편 기차는 나를 기다려 주지 않았다. 파리의 작고 낡은 호텔은 직원은 내가 들어서자마자 "킴." 하고 내 이름을 불러 줬다. 대부분의 에어비앤비 주인들은 나와의 만나는 시각에 정확히 나를 기다려 주었다. 심지어 어떤 주인은 나를 한 시간 이상 기다리기도 했다. 약속된 공간만 사용할 수 있었고 그 이외에 것 대부분은 허용되지 않았다. 부다페스트에서는 무서운 검표원에서 8,000포린트라는 거액의 벌금을 낼 뻔했다.

이런 자그럽고 준비가 여틈했던 경험을 통해 여행은 단지 풍경을 보고 사람을 만나는 일뿐이 아님을 알았다. 약속과 신뢰, 책임이 따르는 일이 여행이다. 그 약속이 지켜지지 않고, 그에 따르는 책임을 회피하고 부정한다면 얼마나 불안한 여행이 되겠는가. 낮은 신뢰감으로 우리는 어떤 숙소도 믿고 예약하거나 방문할 수 없다. 예약한 숙소가 사진과 너무 다르거나, 주인이 나를 해칠지도 모르는데 어떻게 여행할 수 있겠는가. 김영하가『여행의 이유』에서 밝혔듯이 여행은 신뢰를 기반으로 이루어질 수 있다.

교실은 어떤가. 1년 190일 이상을 한 공간에서 살아가는 작은 공동체인 교실이야말로 어떤 여행보다 신뢰가 있어야 한다. 그러자면 약속과 약속에 따른 책임이 지워지는 공간이어야 한다. 훌륭한 교사는 교실을 책임의 공간으로 만들 수 있어야 한다. 지금부터의 이야기는『철학이 필요한 순간』에서 대부분 이해한 내용이다. 모든 인간은 그 자체로 하나의 개별적인 세계라고 말한 로이프루스트의 말을 빌리지 않더라도 우리는 개별 존재가 지닌 다름을 알고 있다(물론 안다는 것과 인정하는 것은 다른 층위의 개념일 수도 있다).

이렇게 서로 다른 우리가 서로에게 관심을 가져야 하는 이유는 삶은 상호의존적이기 때문이다. 즉 어떤 식으로든 다른 사람과의 관계를 통해서 무언가를 배우고 얻는다. 그래서 우리에게는 로이프루스트가 말한 '윤리적 요구'가 주어진다. 상호의존하고 있기 때문에 우리는 우리와 관계되는 이들을 돌보아야 할 윤리적 책임이 있는 것이다. 그러한 윤리적 책임에 대한 형식적 요구의 형태가 바로 '약속'과 '책임'이다.

아이들은 우리가 잘 알듯이 책임을 '회피'하는 데 상당한 재능을 가지고 있다. 다투는 아이들을 불러 자초지종을 듣고 싶어 이야기를 듣고 싶어 물으면 대부분 아이들의 대답은 수미쌍관의 법칙을 충실히 따른다. 말의 처음은 "쟤가, 얘가 먼저 그랬어요."로, 끝은 "아무튼 저는 가만 있는데 얘가 먼저 와서 그랬어요."다. 닭이 먼저인지 알이 먼저인지 알 길이 없는 상황에서 나는 솔로몬, 포청천보다 더 훌륭한 판관이 되어야 한다. 그 피로감이 교사를 더욱 지치게 한다.

이런 일이 일상처럼 반복되는 교실에서 교사의 힘과 영향은 바람 빠진 축구공이다. 누구도 나를 향해 쫓아 오지 않는다. 거짓말이 진화심리학적으로 인간 생존 필요에 의해 유지된다고 주장하는 학자들도 있지만 적어도 아이들이 있는 교실에서는 그런 관점은 배제되는 것이 좋지 않을까. 거짓말이 나의 생존에 도움이 되는 경험은 특별히 가혹한 운명의 타격을 받아야 하는 경우가 아니라면 엄마한테 등짝 스매싱 맞을 위기를 피할 때 한두 번이면 충분하다.

진실하게 말하고 행동하는 것의 중요성을 말하는 것은 도구적이고 지배적 관점에서 그 효용가치를 따지는 것이 아니다. 교실

교실이 지겨운 교사에게

은 서로가 서로에게 관계하고 영향을 미치는 공간이다. 고양이가 내 참치캔을 먹었다고 고양이에게 분노하는 것이 무슨 의미가 있겠는가. 고양이는 내 행동에 영향을 미칠 수 없고 나와 관계하는 존재가 아니지 않는가. 상호의존적으로 살아가는 교실에서는 모든 학생이 서로가 서로에게 관계하는 존재에게 '책임'이라는 도덕적 가치가 있는 행동을 하도록 해야 한다.

식판을 엎어 급식이 바닥에 쏟아져도 서로에게 책임을 미루다 모른 척하고, 잔반통에 수저가 쏟아져 들어가도록 내던지고도 제 갈 길을 향해 뛰어가는 아이들에게 알려 줘야 한다. 네가 엎은 급식을 누가 치우는지, 잔반통에 버린 쇠막대기를 누가 먹게 되는지를. 친구들과의 모둠 활동 과제에서 습관적으로 자기 모둠이 아니라 딴 모둠에 기웃거리며 방해하는 아이들에게도 '약속'의 무거움과 '책임'의 양을 분명히 알려 줘야 한다(대개 아이들이 그렇게 행동하는 데는 이유가 있긴 하지만). 약속과 책임이라는 도덕적 가치가 일정한 형식적 질서로 구현되지 않으면 개별적 세계라는 주관성을 앞세운 온갖 행동들이 '어린 아이니까'라는 어울리지 않는 인정과 관용을 방패를 삼아 마구잡이로 일어난다.

그 가치를 교사가 교실에서 유지할 수 있을 때 아이들은 약속하고 책임질 수 있다. 이는 코가 숨을 쉬고 냄새 맡는 역할을 하는 기관일 때 우리가 코라고 인식하듯 인간이 인간으로서 본래 해야 하는 근본적인 능력이다. 아리스토텔레스가 개인이 인정하든 말든 선한 것은 따로 존재하며 인간일 수 있게 하는 것이 이성적 실천 행위인 '덕'이라고 한 논거와 맞닿는다. 심장이 하는 일에 대해 개인적으로 옳고 그름의 견해를 들이댈 수 없듯 이런 약속과 책임이 따르는 일도 인간이기에, 우리는 사람과 사람 사이를 사는 '인간'을 기르는 교실이기에게 그것의 옳고 그름을 따질수 없다.

너무 꼰대 같고 냉정한 교실이라고 생각하는가? 에리히 프롬은 『사랑의 기술』에서 "누군가를 사랑한다는 것은 단순히 강렬한 감정만이 아닌, 결의이자 판단이고 약속이다."라고 했다. 아이들에게 엄격하다는 것은 아이들을 사랑하지 않는다는 말과 동의어가 될 수 없다. 아니 오히려 그것이야말로 사람에 대한 훌륭한 사랑의 기술이다. 신기율은 『은둔의 즐거움』에서 정리하는 것에 대해 "정리란 무질서한 에너지에 질서를 잡는 것이다. 우리는 보이는 공간과 물건을 정돈함으로써 보이지 않는 삶의 에너지를 충전할 수 있다. 명확한 정리가 되어 있을 때 우리는 생각의 질서를 잡을 수 있고 명료함을 볼 수 있다."라는 설명으로 그 행위의 중요성을 드러낸다. 내 자리를 말끔히 정리해야하듯 훌륭한 교사는 내 교실이 '약속'과 '책임'이라는 질서가 유지되도록 잡도리 할 수 있는 경험과 기술을 배워야 한다.

나는 교실에서 아이들이 하는 1인 1역에 책임을 무겁게 지운다. 그에 따른 벌과 보상은 아이들이 결정을 보통의 눈높이에서 범위안에서 존중하고 역할에 대한 탄핵도 아이들 스스로 결정하게 한다. 판결과 변호도 스스로 한다. 물론 모든 아이가 이 과정을 협력적으로 익숙하게 진행해 내는 것은 아니지만 대부분 아이들은 시간이 겪으면서 점차 스스로 규칙을 지키고 책임을 따르는 방향으로 자라났다. 논의하고 협의하는 과정에서 특별히 선을 넘는 규칙이나 제안이 아니라면 개입하지 않았다. 그렇게 아이들이 살아 낸 삶의 과정은 완성된 점수나 질로 평가할 수 없다. 어찌 되었든 아이들은 스스로 협력과 책임이라는 방향으로 교실의 방향을 찾아갔으니 말이다.

여행을 통해서 나는 배웠다. 약속이 없는, 질서와 엄격함이 없는 교실은 결락된 교실이라는 것을. 교실에는 안정과 존중, 이를 통한 공감이 있고, 공감을 통해 협력과 연대의 경험을 얻을 수 있는 곳이어야 한다. 그것이 이루어지는 과정에는 자유로움보다 엄격한 약속과 책임을 진다는 신뢰가 필요하다. 교실도 아이들의 삶이 여행하는 공간이기에 더욱 그러해야 한다. 그래야 마음 놓고 아이들이 교실을 찾아 여행하러 올 수 있으니까. 달큰한 아카시 냄새를 담은 바람이 부는 5월에는 이런 아이들과 소풍 같은 여행을 가고 싶다.

교사의 미술관 여행,
역사의 흥망성쇠와
삶의 희로애락애오욕을 배우고 가르치다

나니아 연대기를 쓴 C. S. 루이스는 사랑에 빠져 본 적이 있느
냐는 친구의 질문에 대한 대답으로 보낸 편지에서 책을 통해 배
우는 감정에 대해서 이렇게 이야기한다.

"어떤 주제든 직접 경험한 것만 말할 수 있다면, 모든 대화가 아
주 빈곤해질 것일세. 내 비록 소위 사랑을 직접 경험하지는 못했
어도 내게는 그보다 더 좋은 것이 있다네…. 셰익스피어와 스펜서
와…. 여태 내가 읽은 모든 사람의 경험이지. 우리는 그들의 눈을
통해서 본다네. 큰 것이 작은 것을 품듯이 거장의 감성 속에 범인
의 희로애락도 다 담겨 있게 마련이야. 그래서 우리는 얼마든지 그
것에 대해 말할 권리가 있다네."

그림 앞에 서면 내가 루이스처럼 이렇게 말하고 싶다. 꼭 내가

교실이 지겨운 교사에게

직접 경험하지 않아도 거장이 그려 놓은 그림 앞에 서면 삶의 희로애락애오욕을 볼 수 있다고. 거장의 시선에 들어서면 그들이 말하고자 했던 것을 애써 찾아내려 노력하지 않아도 된다. 인물의 표정과 배치와 위치, 그들이 입은 옷과 그려 놓은 사물들, 붓질과 색감으로 표현하고자 했던 의도와 정확히 부합할 수 없어도 된다. 그저 찬찬히 오래도록 바라만 볼 수 있으면 된다.

그러면 그림이 내게 말을 걸어온다. 그림 안에 살고 있는 인물이 나에게 묻는다. 이 시대의 너는 어떤 삶을 살고 있는지. 프라도 미술관에서는 벨라스케스가 그랬고, 내셔널 갤러리에서는 한스 홀바인과 아르놀피 부부가 나에게 물었다. 기대 없이 우연히 프랑크푸르트에서 만난 교황 율리우스 2세의 얼굴엔 탐욕의 전쟁에 찌든 고단함을 안은 노인의 표정이 있었고, 그네를 타는 퐁파두르의 붉은 얼굴은 그녀를 똑바로 보기가 어려워 훔쳐보고 서 있는 나를 발견했다. 그리고 그녀에게 말을 걸어 연애 작업을 시작하도록 만들었다. 붓을 들고 나에게 웃음을 흘려보내는 르브룅의 눈빛은 매혹 그 자체였다. 목이 날아간 단두대 뒤에서 그녀가 그림으로 박제해 놓은 권력들을 보며 얼마나 큰 아픔으로 그녀의 남은 삶을 견뎠을지 되우 궁금하다.

비밀의 정원처럼 아른햄에 쏙 들어앉아 아리랑 고개를 넘듯 걸어 넘어야 만날 수 있는 크뢸러뮐러 미술관에 가고 싶다. 가난한 전도사로서 살던 고흐와 멀지 않은 곳이다. 고흐가 그림을 그리고 살았던 남프랑스 아를에 가 보는 것보다 크뢸뢰뮐러 미술관에서 밤의 카페 테라스에 서 있고 싶어진다. 망막이 세상을 노랗게 보도록 만들어 감에도 끊을 수 없었던 압생트에 취한 삶이 그려 낸 강렬한 '노랑 세상'이 남긴 붓질 자국이 궁금하다.

좀 더 남쪽으로 내려온다면 브뤼셀의 왕립 미술관에서는 「마라의 죽음」을 몇 발자국 뒤의 거리를 두고 볼 것이다. 혁명 전사가 죽음 대신 두고 떠난 '이루지 못한 회한'을 담아 와야지. 다시 기차를 타고 세상에서 가장 아름답다는 앤트워프역에서 내려 찬찬히 걸어 대성당으로 향할 것이다. 그러면 '성냥팔이 소녀'의 죽음과 꼭 닮아 더 슬픈 네로와 파트라슈가 기다려 줄지도 모른다. 그 아이가 죽음 앞에서도 보고 싶었던 그림을 보며 상상속의 그를 제단 앞에 눕혀주고 올 것이다. 아! 빈에 가서 잔칫날이어야만 널부러지도록 마음껏 마시고 취할 수 있었던 내 부모의 삶과 닮았던 농부들을 그린 브뤼헐을 만나 나도 그 자리에 슬쩍 끼어 앉아 같이 한잔해야 한다. 부어라— 마셔라— 언제까지 어깨춤을 추게 할 거야—

무엇을 어떻게 그려 내든, 자기 멋대로 그려 내도 세상을 감탄하게 하는 악마의 재능을 가졌지만 타고난 다혈질 싸움꾼이었기에 그의 고향 지명 그대로 카라바조라고 불렸던 못생긴 남자. 나는 그를 본래 이름인 미켈란젤로로 불러 주고 싶다. 미켈란젤로는 예수가 자신을 부를 때 놀라 쳐다보는 마태오의 표정에 자신이 변화시킬 역사의 시간까지 담아 그려 주었을까. 조국을 위해 적장을 목을 베는 칼을 쥔 손녀 걱정 대신 목이 베어지는 적장만

교실이 지겨운 교사에게

을 두려움 하나 없이 호기심에 찬 눈으로 바라보는 무섭도록 냉정한 할머니에게 어떻게 그럴 수 있었는지 답을 듣기 위해서는 산 루이지 데이 프란체시 성당이 있는 나보나 광장의 로마로 다시 가야 한다.

나치의 시대에 유대인으로 사는 삶과 강제로 끌려간 전장의 자식을 기다리다 죽어 가는 적국의 어미가 된 누스바움과 콜비츠에게도 술 한 잔 사주고 싶다. 인류의 단 6퍼센트만이 살 수 있다는 이 시대를 사는 내가 불행한 시대를 살았던 그들의 인생이 사주지 않았던 술 한잔 사주어야지. 사는 동안 극복할 수 없는 운명 앞에 고달프고 힘들었으니 이제 거기서는 편하게들 쉬라는 말과 함께.

교사의 미술관 여행이 꼭 도시에서만 이루어지는 일은 물론 아니다. 도서관에 가 빌린 책을 반납하고 빌릴 책을 대출한 뒤 습관처럼 서가 600과 900 분류 라벨이 붙은 서가를 왔다 갔다 하면 또 다른 미술관 여행이 시작된다. 그 조용한 도시에는 제각각의 두께를 가진 한 무리의 미술사와 화가에 관한 이야기, 미술관 여행에 관한 책들이 있다. 그 책들 안에는 화가의 삶에 관한 이야기가 담겨 있고 그가 살았던 시대에 관한 이야기가 조용히 들어앉아 있다. 무엇보다 화가가 상상한 '의지와 표상으로서의 세계'가 그림으로 실려 있다. 그들을 해석하는 또 다른 삼인칭 작가 시점도 한 움큼씩 들어 있다. 서가에 꽂힌 제목들을 보는 것만으로 느낄 수 있기에 그 습관적 걸음으로 여행할 충분한 동기가 된다.

책으로 읽은 작가 시점의 해석과 이야기들이 그림에 실재하는가 보다. 그들이 '나에게는 어떤 말을 걸어 줄지'가 궁금하다. 그래서 교사의 여행에서 미술관을 빼놓을 수 없다. 시대와 그 시대를 살았던 사람들의 삶을 그려 낸 거장이 남겨놓은 붓의 질감을 만나고 온 후라야 교사인 나는 나의 아이들에게 내가 들은 이야기 해 줄 수 있으니까. 내가 듣고 보았다고. 저 그림에 담긴 이야기가 너희들이 앞으로 살아가며 느낄 삶의 기쁨, 분노, 사랑, 즐거움, 미움, 욕망과 크게 다르지 않으리라는 것을. 나의 교실에 거장의 그림을 걸어 두는 이유다. 너희들은 직접 보고 닿지 않아도 느끼고 말할 수 있으니까. 그저 자세히 오래만 보면 된다.

타인의 친절,
무슨 권리로 불친절한 거죠?

숙소에 들어오기까지 긴장하고 너무 힘들어서 땀을 한 바가지 흘렸다. 숙소는 사진과 달리 예상한 위치에 있지 않았다. 택시도 오지 않았다. 한여름 같은 1월 더위에 애들은 길바닥에 서 있었고. 일부는 걷고 일부는 타는 수단을 이용해 숙소에 왔더니 이번엔 열쇠가 약속한 장소에 없었다. 숙소 열쇠를 찾아 준 사람은 주인이 아니라 오토바이 택시 기사였다. 당황함과 분함으로 랩핑되어 두리번거리는 나에게 그는 대가 없는 친절을 베풀었다. 그가 베푼 친절의 시간은 가벼웠지만 그 무게는 천금이었다. 숙소에서 쉬고 싶었지만 섬으로 자전거 투어를 나가야 했기에 씻고 다시 나갈 채비를 해서 1층으로 나갔다. '응?' 들어올 때 보았던, 우리처럼 열쇠가 없어 발을 동동 구르던 가족이 아직도 그대로다.

"열쇠 아직 못 찾으셨어요?"

"그게 저희가 열쇠를 안에 놓고 문을 잠가 버려서요. 핸드폰도 숙소 안에 있어서 주인이랑 연락이 안 돼요."

그 말을 듣고 다시 찬찬히 보니 여든 가까이 돼 보이는 어르신 두 분과 휠체어를 탄 뇌병변 장애를 가진 가족이었다(뇌병변은 비장애인과 똑같은 사고를 할 수 있지만 몸은 다른 사람의 도움이 없으면 거의 움직일 수 없다). 30대 초중반으로 보이는 여자분이 가족을 데리고 여행을 온 듯했다.

"그럼 어떻게 해요? 에어비앤비로 주인한테 메세지를 보내면 되지 않아요?"

"그게 유심이 없는 공폰만 있고 제 폰이 집 안에 있거든요."

"그 폰은 인터넷이 안 되나요?"

"문자 보내려고 했더니 인증을 해야 한다는데 이 폰은 그게 안 돼요. 지금 스냅 사진 촬영 잡아 놨는데 나가지도 들어가지도 못하고 있어요."

내색은 못 하셨지만 어르신들도 갑갑했을 거고 휠체어에 앉아 있는 이도 얼마나 답답했겠는가. 가족을 이끌고 여행을 가야 하는 이 여자분의 심정은 또 어떻겠나. 2년 전 나의 기억이 떠올랐다. 마드리드 도착해 한 시간도 안 돼 솔 광장으로 가는 지하철 안에서 휴대폰을 소매치기 당해 한밤중의 시커먼 광장이 노랗게 보이던 신비로운 절망의 순간이.

'어떡하지, 어떡하지….' 하다가 내 폰으로 열쇠를 가져다 달라는 메세지를 보내면 되겠다는 아이디어가 떠올랐다. 묵고 있는 에어비앤비 주소를 검색해 호스트를 찾아냈다. 영어가 짧다는 말에 내가 대신 에어비앤비 메세지를 보냈다. 상황이 급하니 영어가 막 튀어나온다. 최대한 자세하고 길게, 그리고 불쌍하게 주인한테 메세지를 보냈다. "지금 열쇠가 없어서 못 들어가고 있으니 연락을 달라. 정말 상황이 좋지 않다. 핸드폰이랑 소지품은 다 안에 있는데 열쇠는 없어 몇 시간을 숙소 리셉션에서 발만 동동 구르고 있는 상황이다." 그렇게 폭풍 메세지를 보냈다. 그런데 주인 입장에서 낯선 계정으로 오는 이런 메세지가 스팸이나 잘못 온 문자라고 생각할 수 있지 않을까 싶었다. 내 계정으로 보내면 내 사진이 뜨는데 예약을 한 게스트도 아닌 나에게 연락을 안 할 수도 있는 것 아닌가. 우여곡절 끝에 주인의 번호를 알아내 직접 숙소 주인한테 문자로 이 다급함을 담아 보냈다.

나를 바라보는 가족들을 보니 다들 초조한 얼굴이다. 나도 초조했다. 연락이 와야 할 텐데. 잘못되면 오늘 이 가족들 여기서 밤을 새울지도 모를 일이다. 5분이 지났을까. 내 전화가 울렸다. 영어가 안 된다는 여자분이 내게 통화를 부탁했다. 상황을 설명하고 키를 갖다 달라니 알 수 없는 말을 한다. 에어비앤비에 연락을 해 보겠다는 둥 기다리라는 둥. 내 영어가 짧아서 못 알아듣는 것이겠지만 유난히 영어가 안 들렸다. 다시 연락이 오기를 기다리며 10여 분이 지났을까…. 온 가족과 내가 핸드폰만 쳐다보고 있는 그 침묵의 10분이 이 도시까지 오는 다섯 시간 삼십분의 비행보다 길고 답답했다.

'안 되겠다. 이건 분명히 의사소통이 안 된 거다.'라고 느낀 찰나 마침 현지 사람으로 보이는 슬리퍼 차림의 여자를 무작정 붙잡고서 사정을 설명했다. "지금 우리 가족이 열쇠가 없어서 여기서 몇 시간째 여기서 기다리고 있고(어느새 나는 그분들과 한 가족이 되어 있었다). 저기 우리 할아버지, 할머니 표정 보이지? 지금 심각해. 근데 주인이랑 연락이 안 돼. 통화를 했는데 무슨 말인지 모르겠어. 그러니 네가 태국말로 우리 상황을 좀 설명해 줄래?"라고 최대한 공손하게 읍소하며 전화기를 내밀었다. 놀랍게도 그 여자분은 숙소 주인과 통화를 해 주었다. 통화는 거의 5분 넘게 이어지고 알 수 없는 외국의 언어를 들으며 지켜보는 나도 그 가족들도 긴장감이 속이 바짝바짝 말라갔다. 까딱하다간 길바닥에서 자야 할 판인데. 이 숙소 한 곳만 잡았는데 19박이라 했으니 더욱더 그랬을 터다. 통화를 끝낸 낯설고 친절한 여자가 말해 준다. "주인이 지금 외국에 있어요. 여기에서 아주 멀리." 'abroad'를 두 번이나 강조했다.

해외? 해외라니. 이건 또 무슨 날벼락인가. 그래서 자기도 노력하고 방법을 찾고 있으니 기다리라고 한 것이었다. 이 친절한 사람이 하는 영어는 완전히 잘 들렸다. 그래 노력하고 있으니 길바닥에서 밤을 새우진 않겠구나. 그렇게라도 내가 할 수 있는 일을 하고 나니 꽉 막혀 답답했던 마음이 좀 풀리는 거 같았다.

"이제 기다려 보는 수밖에 없겠네요. 잘되겠죠."
"네, 네. 감사합니다."
할머니가 정말 정말 고마워하셨다.
"그럼 저희는 이만 가 볼게요." 하고 숙소를 나와 열쇠를 찾아
준 오토바이 택시를 타는 것으로 아까 받은 친절을 갚았다. 그렇
게 보낸 시간이 한 시간 30분 가까이 되었다. 그 시간이 지루했
을 텐데 아이는 기다려 주었다(중간에 두 번 불평하긴 했다, 도대체 언
제 가냐고).
"이 녀석아, 마드리드에서 옆방 변호사가 우리 도와주고, 경찰
서에서는 통역사 언니가 도와주고 너 밥까지 사줬던 거 기억 안
나냐! 우리도 도와줘야지—" 하고 아이를 어르고 달랬다.
섬에서 자전거를 타며 망고와 파인애플을 먹으며 석양을 보았
다. 한편으로는 석양과 함께 그 가족분들 열쇠 못 받았으면 어쩌
나 하는 걱정이 석양빛보다 진한 어둠을 마음에 던졌다. 그때 카
톡이 울렸다. 열쇠를 받아서 잘 해결했다는 메시지였다. 안도감
이란 그런 기분이었다. 내 마음이 그렇게 홀가분할 수가 없었다.
그날 밤, 할머니가 귀여운 찹쌀떡을 사서 숙소 입구에서 우리가
돌아온 밤까지 기다리셨다. 죄송스러워서 먹을 수가 없었다.
위 이야기는 방콕에서 있었던 일이다. 여행을 하면 이처럼 내
가 어떻게 할 수 없는 상황에 한두 번씩은 맞닥뜨린다. 아이와

대화했듯 마드리드에서 나는 평생 잊을 수 없는 친절을 받은 경험이 있다. 스위스의 작은 동네인 슈피츠에서는 숙소로 가는 버스가 끊어졌는지도 모르고 행선지가 다른 버스를 타고 가다 어두컴컴한 산 중턱에 내렸다. 나와 아이를 숙소까지 자신의 차로 데려다 준 것은 처음 보는 스위스 청년의 친절이었다. 공사 중인 구간이 있어 길이 끊어진 트램에 혼자 덩그러니 앉아 있던 나를 내리게 해 준 사람도, 숙소를 찾을 수 없어 길바닥에서 밤을 보낼 뻔한 나와 아이를 구원해 준 할머니도 지금 나를 전혀 기억하지 못할 것이다. 하노이에서 어떤 대학생은 버스 노선을 찾으며 두리번거리는 나를 목적지로 함께 데려다주기까지 했다.

친절함이란 태도다. 확실하고 확고한 삶의 태도. 태도라는 것은 주어진 상황에서 일을 어떻게 처리할 수 있는지를 알 수 있는 가늠자가 된다. 그래서 태도라는 것은 우리가 생각하는 것 이상으로 우리의 운명을 쥐락펴락 할 수 있다. 너무 소중한 책 한동일의 『라틴어 수업』에서는 태도에 관해 이렇게 적고 있다.

'베아티투도beatitudo'라는 라틴어가 있습니다. '행복'을 뜻하는 단어인데, '베오beo'라는 동사와 '아티투도attitudo'라는 명사의 합성어입니다. 여기에서 '베오'는 '복되게 하다, 행복하게 하다'라는 의미이고 '아티투도'는 '태도나 자세, 마음가짐'을 의미합니다. 즉 '베아티투도'라는 말은 '태도나 마음가짐에 따라 복을 가져올 수 있다'

교실이 지겨운 교사에게

라는 뜻이기도 합니다.[22]

　나에게 친절하고 고마웠던 이들은 다른 마음가짐으로 복 받을 태도를 보였던 사람들이다. '남의 삶'을 그냥 흘려보내지 않았다. 세상이 궁금하고 새롭게 보이던 시절을 지나 나이가 들면 굳어진 태도를 보인다. 모두 '이미 본 것들'이기 때문이다. 마음과 뇌에도 습관이 있어 늘 보고 생각한 대로 익숙해서 편한 방식인 관성을 따른다. 습관대로만 따라가면 깊이 보는 것을 귀찮아하고 이미 봤고 이미 안다는 생각의 지배 당하면 새 느낌을 차단당한다. 결국 경험과 사고의 틀이 빈곤한 의식 안에 스스로를 가둔다. 그런 관성과 습관이 나의 빈곤한 태도를 만든다. 나의 여행에서 친절했던 그들의 태도는 습관에 따라 빈곤한 친절의 태도로 살던 나의 삶을 거울로 비춰 주었다. 김혜형 작가의 말처럼 "다른 존재에게 마음을 쏟는 순간 나의 비좁은 시야는 타자의 영역으로 확장되고 모든 '나'에겐 나를 비춰 볼 존재인 '그'가 돼 주었기에 내가 교실에서 아이들을 대해 왔던 불친절함을 비추어 알 수 있었다."

　교사는 '아이들'을 통해 교사인 '나'를 정확히 알 수 있다. 아이들의 사랑을 받고 싶다면, 교사에게 적합한 것이 아니라 아이들에게 적합한 방식으로, 어떤 '태도'를 보여 줘야 한다. 여행에서

---

22) 한동일, 『라틴어 수업』(서울: 흐름출판, 2017)

만난 그들이 태도를 통해 나에게 보여 주었듯이. 앞 장에서 부끄러움과 죄책감을 담아 밝혔다. 내 교실에는 아이들은 없었고, 좁다란 시야를 가진 나만 있었기에 까칠한 교사는 있었고, 친절한 교사는 없었음을. 교사는 학생들이 아니라 나를 위해서 친절해져야 한다. 나는 이제 꽤 친절한 선생님으로 불린다. 설명도 친절하게, 불편한 감정을 유발하는 상황을 만든 아이들의 이야기들을 때도 친절함을 잃지 않으려고 한다. 내가 친절하게 대할 때 아이들 상호간에도 친절함의 태도를 보인다. 태도는 어쩌면 거의 본질인지도 모른다.

배추가 자라는 밭을 우리는 배추밭이라고 부른다. 고추가 자라는 밭을 우리는 고추밭이라고 부른다. 마음에는 생각과 감정이 자란다. 친절한 태도, 미워하는 마음, 탐하는 마음, 외면하고 싶은 마음, 배려하려는 태도 등등 하루에도 오만가지 생각과 감정이 심어지고 자라난 내 마음밭은 굳어지고 습관화된 태도를 생산하는 공장이다. 굳어진 당신의 생각과 감정이 자라는 마음밭은 무슨 밭이라고 부를 건가? 영화 〈타인의 친절〉에는 이런 대사가 나온다.

"무슨 권리로 불친절한 거죠?"

나에겐 불친절할 권리가 없다.

6장

교실이
지겨운 교사에게

오프라 윈프리가 『내가 확실히 아는 것들』에서 남긴 말이다.

삶에 발이 묶여 옴짝달싹 못 하겠는가? 그럼에도 앞으로 나아가고 싶은가? 그렇다면 과거에 한 행동의 동기를 점검하는 일부터 시작해 보자. 무엇보다도 자세히 살펴보아야 한다. 가장 진실한 의도는 종종 그늘에 숨어 있음을 나는 배웠다. 스스로 물어보자. 나의 의도가 어떻게 내가 지금 겪고 있는 경험을 낳은 것일까? 내가 의도를 바꾼다면, 다른 어떠한 결과를 창조하게 될까? 자신의 정체성을 존중하는 선택을 한다면 당신은 자신이 의도한 바로 그 결과를 얻게 될 것이다. 당신의 가장 위대한 잠재력에 도달할 기회를 얻게 될 것이다.[23]

---

23) 오프라 윈프리, 『내가 확실히 아는 것들』, 송연수 옮김(서울: 북하우스, 2014)

교실이 지겨운 교사에게

여행하며 걷다 보면 풍경을 보거나 걷는 그 자체를 즐기며 걷는 일이 어렵다는 것을 알게 된다. 내 안에 존재하는 줄도 몰랐던 오조 오억 가지 생각이 압력밥솥처럼 생각이 머릿속에 꽉 들어차 이러다 머리가 폭발해 버릴 것 같은 지경에 이르러서야 떠오르는 생각을 의식을 동원해 끊고 그저 걷기 시작한다. 그러다 보면 '부지불식'의 순간이 온다. 그때야 선명하게 보인다. '아. 나는 이런 사람이구나.' 하고. 정말 신기하다. 뿌옇던 안개가 영화 장면 넘어가듯 빠르게 넘어 걷히고 선명하게 보일 때가 있다. 여행은 그렇게 나를 자세하게 살피고 만나지는 일이다.

책읽기 역시 그와 다르지 않다. 읽다가 보면 뒷머리를 강하게 치고 올라오는 충격파에 내가 다치는 것이 아니라 신선해지는 경험을 한다. '아 그래서 그런 거구나'라는 삶의 보편적 질서에 가까운 법칙을 확신하는 때를 만난다. 마음이 아니라 몸이 먼저 가벼워지는 느낌이다. 세상을 인식하는 나만의 한 겹이 더 쌓인 것이다. 그것 역시 나를 살피는 일이다.

내가 바라는 진실한 의도의 방향이 무엇인지. 내면의 숨은 진짜 욕구가 어떤 모습을 하고 웅크리고 있는지 성찰한 오프라 윈프리처럼 나를 만나러 살피며 갈 수 있는 길 하나가 더 열리는 것이다. 그 길을 따라가 보면 반쯤 그늘진 구석 아래 '발견되기를 기다리며 고양이처럼 앉은 욕망의 나'가 보인다. 스피노자가 우리에게 가르쳐 주었듯이 우리의 모든 의도와 행위는 '욕망'이 결정했기 때문에 그에 따르는 것일 뿐이다.

이 길은 만만하지 않다. 그러나 매일 출근하는 교실이 지금 지겨워서 어쩔 줄 모르는 사람이 바로 당신이 아닌가. 그 삶을 바꾸고 싶어 하는 사람이 당신이고. 그렇다면 가는 게 답이지 않겠는가. 문제를 찍어서 답을 맞히는 것은 어쩌다 한번 오는 행운이지 지속은 불가능한 일이다. 문제의 답을 찾는 일은 쉽지 않다. 문제의 답이 너무 쉬우면 둘 중 하나다. 누구나 다 아는 것이라 아무에게도 쓸모가 있지 않아 찾지 않고 귀하지 않은 것이다. 한때는 후추 한 줌이 집 한 채 값보다 비쌌지만 이제 누구도 후추 한 통을 과거처럼 귀하게 여길 리 없다. 혹은 누구나 귀하고 소중하다는 것을 알지만 아무도 그것이 소중히 여기지 않는다. 공기의 소중함처럼.

그러니 남들은 모르는 소중한 나만의 경험을 찾는 일이 쉬워서는 안 된다. 히말라야 8,000미터 고봉에 오르면 100미터를 나아가는 데 몇 시간이 걸릴 만큼 고통스럽다고 한다. 8,000미터의 히말라야를 걷듯 나를 향해 가다 보면 데드포인트라고 부르는 사점을 만난다. 그 죽을 만큼 힘든 지점을 넘어서야 놀라우리만큼 몸이 가볍게 느껴지는 포인트, 즉 러너스 하이를 경험할 수 있다. 등반가 W. H. 머레이가 "사람이 어떤 것에 전념하게 될 때까지는 망설임, 도중에 그만둘 가능성, 무력함이 언제나 존재 한다."라고 말한 것도 그러하고 "더 이상 참을 수 없다고 생각한 그 순간이 인내의 시작"이라는 이영표의 말도 같은 맥락에서 이해할 수 있다. 그 길을 가는 누구나 힘들고 어려운 것이다. 나만 그런 것이 아니다. 그러니 도중에 포기했다고 해서 크게 후회하고 미련을 두어 가면서까지 좌절할 이유가 없다. 지겨운 교실에서 벗어나고자 하는 이 어려운 길을 가고 있는 그 자체로 이미 훌륭한 교사다.

열정 없음과 교실을 지겨워하는 나의 모습에 죄책감이라는 미련을 남겨 두지 말아야 한다. 니체는 "미련이란 '정신의 소화불량'이며, 후회란 '정신의 구토'"라고 했다. 정신적으로 감당하지 못 하고, 소화할 수 없어 반복적으로 토해 내는 삶의 후회는 자기 학대를 통해 얻는 자기 연민에 가깝다. 취한 속을 게워 내고 나면 편안해지듯, 힘겨운 후회와 함께 지겨운 교실로 출근하면서도 '후회하고 있음'이라는 양심의 죄책감으로 스스로를 가련하게 만들어 '나는 그렇게 나쁜 교사는 아니'라고 위로하고 있는지도 모른다. 이런 자기 연민은 아무 도움이 되지 못한다. 훌륭한 교사인 당신이 지금 해야 할 것은 자기 연민과 후회가 아니라 당신의 성장을 향해야 한다.

여행과 책이 주는 러너스 하이와 같은 성장 경험을 주는 수준의 독서력에 오르고, 낯선 도시와 사람을 찾아 걷고 만나는 불편한 여행에 익숙해지기까지는 망설임, 중도 포기, 무력감과 세트로 좌절감마저 따라온다. 그걸 이기고 나면 '그때 보이는 것은 이전과 같지 않다'는 것을 알게 된다. 데미안에서처럼 자아가 깨어지고 존재의 세계가 확장되는 순간을 만나면 몸은 붕— 뜨는 듯 가벼워지고, 눈은 밝아져 풍경이 새롭게 보이고 교실과 아이들이 너무 예쁘게 보인다. 그런 나를 만나는 느낌을 맛보고 나면 '책읽기'와 '여행하기'를 그만두기가 오히려 쉽지 않다. 아주 매력적인 대상을 향해 "한 번도 안 가 본 사람은 있어도, 한 번만 가 본 사람은 없다."라고 하는 말처럼.

용기를 사지 못한 사실의 각성은 공포라고 했던 어느 작가의 글처럼 나의 삶을 각성하고 성실한 책읽기와 용기를 가진 여행을 통해 세상을 보는 눈이 확장된 교사라야 매일 벌어지는 비슷한 교실 상황에서도 지겨워하지 않을 수 있다. 당신이 이 책을 덮고 책을 찾아 도서관으로 가거나, 비행기 표를 검색하려고 한다면 15만 글자 가깝도록 이야기 한 나의 수고는 당신의 용기와 바꾼 것이므로 전혀 아깝지 않다. 오히려 덥석 손잡아 고마움을 전하고 싶다. 책의 첫머리에도 남겼듯 이 모든 경험과 내 이야기들은 나 혼자 만들어 이룬 것이 아니기에 더불어 고마운 마음이다. 훌륭한 교사인 당신도 새로 깨어난 존재가 되어 당신의 이야기를 아이들에게 나눠 주기를 바란다. 그것이 이 책이 가진 단 하나의 목적이다.

고맙습니다.

도움받은 책

- 가즈오 이시구로 지음, 『클라라와 태양』, 홍한별 옮김(서울: 민음사, 2021)
- 권재원 지음, 『직업으로서의 교사』(서울: 우리학교, 2021)
- 글래드웰, 말콤 지음, 『타인의 해석』, 유강은 옮김(파주: 김영사, 2020)
- 김경집 지음, 『생각을 건다』(서울: 휴, 2017)
- 김영민 지음, 『공부란 무엇인가』(서울: 어크로스, 2020)
- 김용규 지음, 『생각의 시대』(파주: 살림, 2014)
- 김용은 지음, 『어쩌면 조금 외로웠는지도 몰라』(서울: 애플북스, 2017)
- 김지혜 지음, 『선량한 차별주의자』(파주: 창비, 2019)
- 김혜형 지음, 『자연에서 읽다』(서울: 낮은산, 2017)
- 로젠버그, 마셜 지음, 『비폭력 대화』, 한, 캐서린 옮김(서울: 바오출판사, 2004)
- 룽잉타이·발터, 안드레아 지음, 『사랑하는 안드레아』, 강영희 옮김(서울: 양철북, 2015)
- 브라이슨, 빌 지음, 『거의 모든 것의 역사』, 이덕환 옮김(서울: 까치, 2003)
- 알랭 드 보통 지음, 『불안』, 정영목 옮김(파주: 이레, 2005)
- 앨봄, 미치 지음, 『모리와 함께한 화요일』, 공경희 옮김(서울: 세종서적, 2002)

- 양정무 지음, 『난생 처음 한번 공부하는 미술 이야기』(서울: 사회평론, 2016)
- 윈프리, 오프라 지음, 『내가 확실히 아는 것들』, 송연수 옮김(서울: 북하우스, 2014)
- 유선경 지음, 『어른의 어휘력』(서울: 앤의서재, 2020)
- 은유 지음, 『다가오는 말들』(서울: 어크로스, 2019)
- 정유정 지음, 『정유정의 히말라야 환상방황』(서울: 은행나무, 2014)
- 정혜신 지음, 『당신이 옳다』(서울: 해냄, 2018)
- 카, 니콜라스 지음, 『생각하지 않는 사람들』(서울: 청림출판, 2011)
- 플라톤 지음, 『소크라테스의 변명』, 황문수 옮김(서울: 문예출판사, 1999)
- 한동일 지음, 『라틴어 수업』(서울: 흐름출판, 2017)
- 한승태 지음, 『고기로 태어나서』(서울: 시대의창, 2018)
- 험프리스, 토니 지음, 『선생님의 심리학』, 안기순 옮김(파주: 다산북스, 2009)
- J. D. 밴스 지음, 『힐빌리의 노래』, 김보람 옮김(서울: 흐름출판, 2017)

교실이 지겨운 교사에게